沼田拓弥［著］

立体型板書でつくる国語の授業

説明文

東洋館出版社

5 問答・変容型

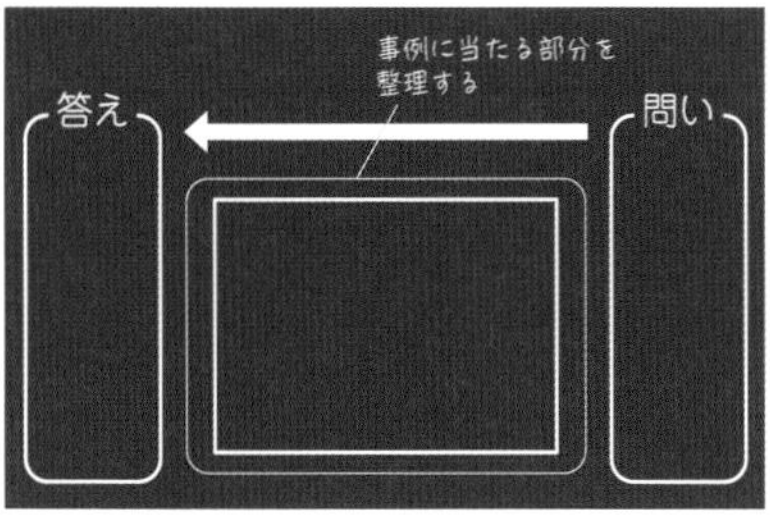

➩ **関連付け**

文章の最初と最後のポイントを押さえて、論理的に文章を読む力を育てる

6 人物相関図型

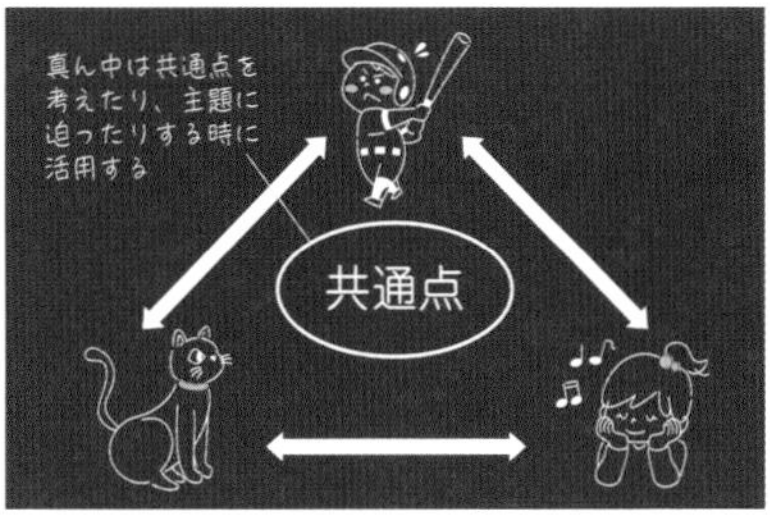

➩ **関連付け**

人物のつながりを可視化し、文章全体をおおまかに捉える力を育てる

7 スケーリング型

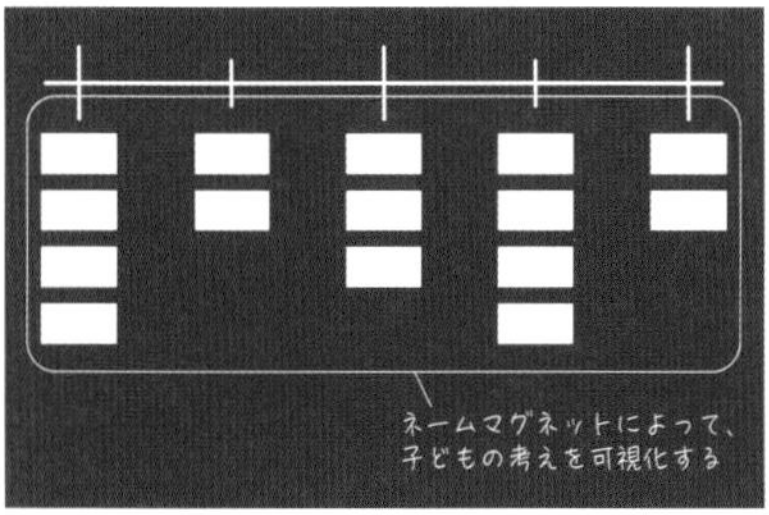

➩ **関連付け**

多様な解釈における共通性を見つける力を育てる

8 移動型

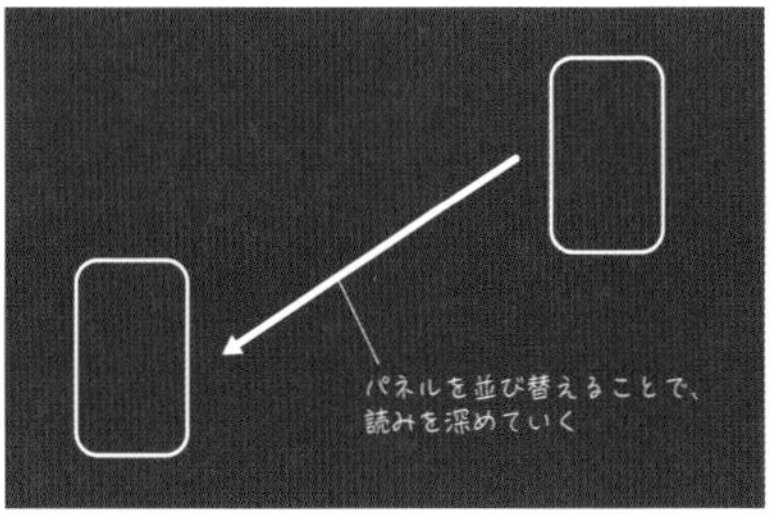

➩ **関連付け**

新たな視点で物事を見つめ、事柄を関連付けて考える力を育てる

9 穴埋め型

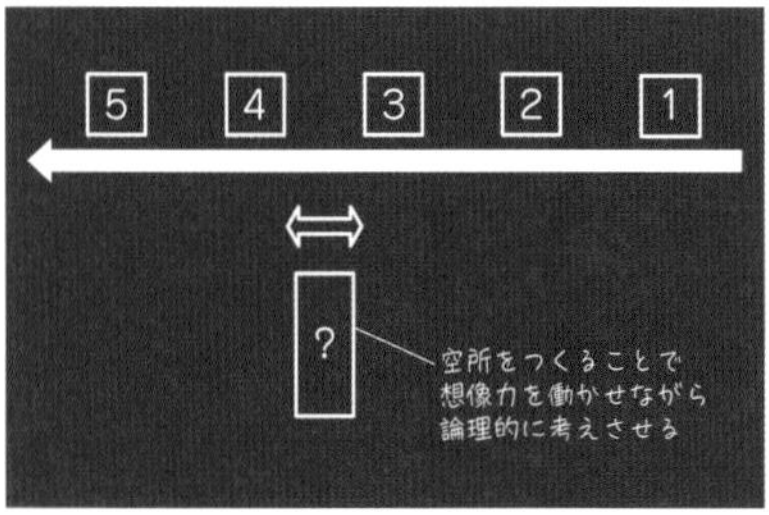

➩ **類　推**

書かれていないことを類推させ、論理的に考える力を育てる

10 循環型

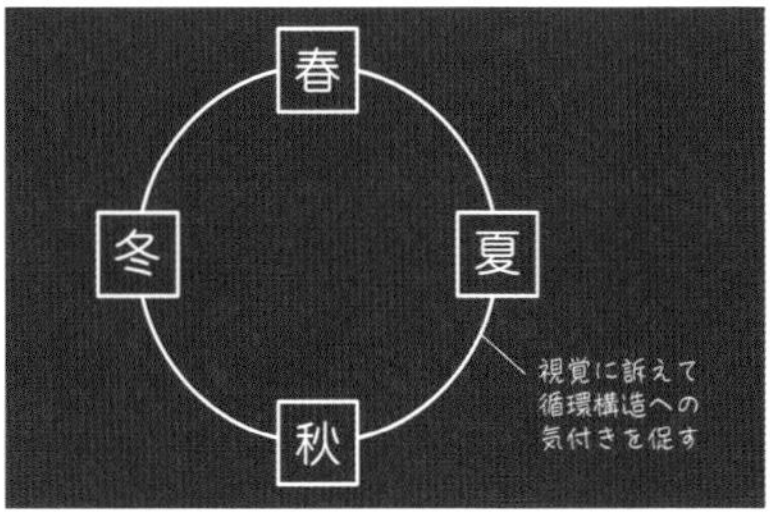

➩ **類　推**

物事のつながりを発見することで、類推しながら考える力を育てる

「立体型板書」
― 10のバリエーション ―

「立体型板書」は、論理的思考ツールとしての機能を重視した構造的な板書のことを指します。「立体型板書」は、**「比較・分類」「関連付け」「類推」**の３つの論理的思考力を引き出し、子どもの「思考プロセス」の可視化を重視しています。

ここでは、基本となる10のバリエーションを確認しておきましょう。

1 類別型

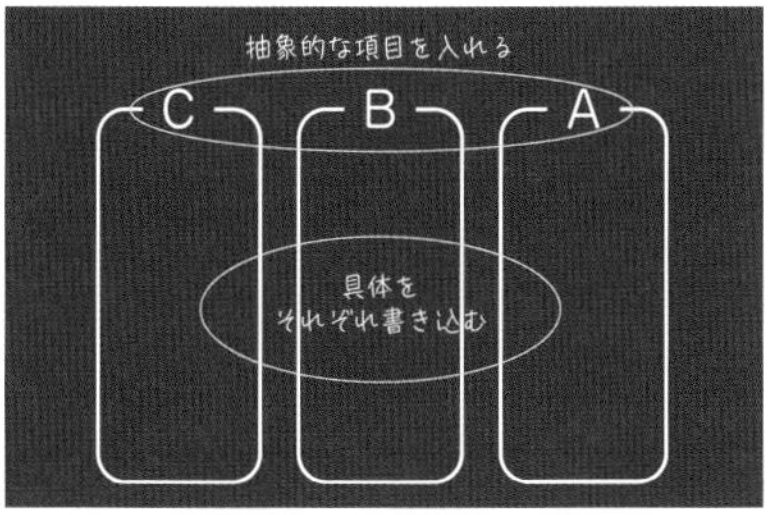

➩ **比較・分類**

「具体⇔抽象」の関係を思考する力を育てる

2 対比型

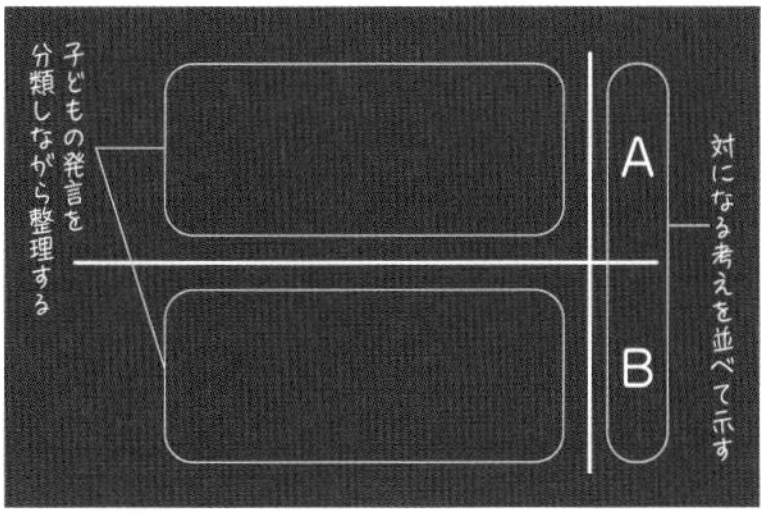

➩ **比較・分類**

情報を比べた上で、関連付けて考える力を育てる

3 ベン図型

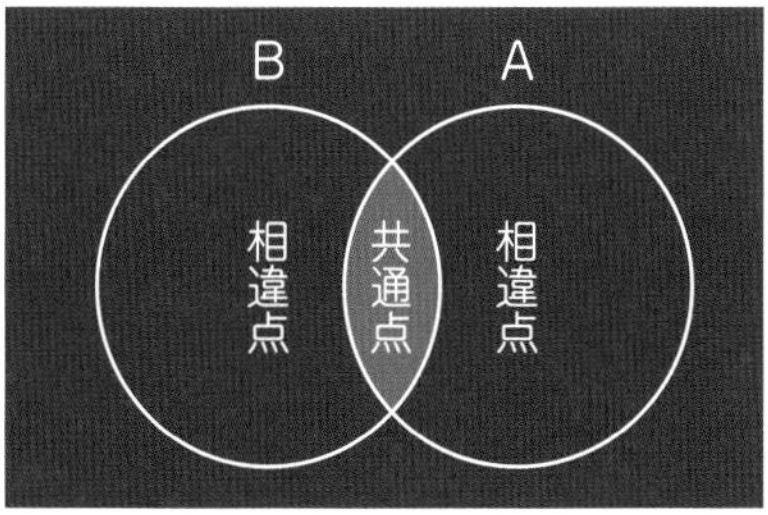

➩ **関連付け**

相違点だけでなく共通点も見つける力を育てる

4 構造埋め込み型

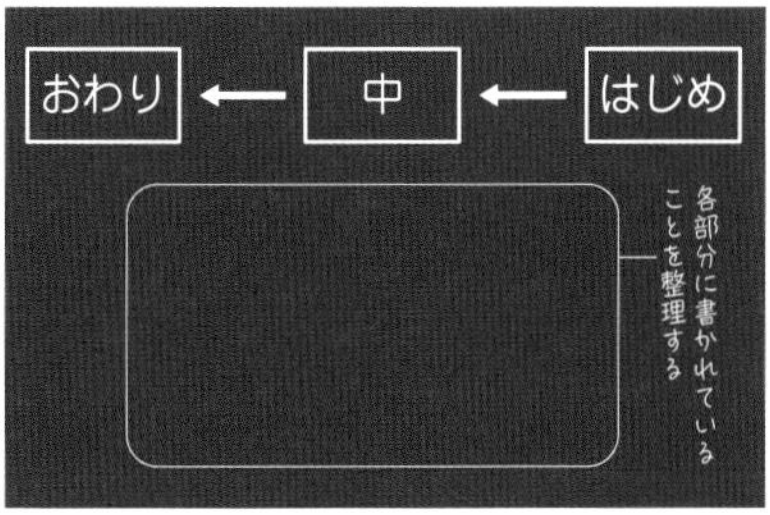

➩ **関連付け**

学習内容と構造を結び付けながら考える力を育てる

まえがき

「この本を手に取ってくださった読者の先生方と一緒に教材研究をしながら、『立体型板書』の国語授業づくりができる一冊を創りたい。」

これが、この本に込めた私の一番の思いです。

みなさんは、国語の授業づくりでは、どんなところに悩みを抱えていますか。私自身、新しい単元の構想を練る度に、「どうすれば目の前の子どもたち一人ひとりの言葉の力を育むことができるかな」と頭を悩ませています。子どもたちの成長の鍵を握っているのは、我々教師です。国語の授業を通して、子どもたちの「言葉の宝箱」の鍵を開くのです。自分のもっている宝物を発見した子どもたちは、一人ひとりが力強い文章の読み手として前へ進んで行きます。こんな子どもたちの生き生きとした姿をイメージしながら、私は日々の授業づくりに取り組んでいます。

では、どうすればこのような授業を形にすることができるのでしょうか。

前作『「立体型板書」の国語授業』では、「立体型板書」の概要を示しました。これまでの授業実践を10のバリエーションに整理したことで、子どもたちの思考プロセスを可視化するための授業フレームを提案することができました。しかし、紙幅の関係上、どうしても細かな授業づくりの観点や手順までは示すことができませんでした。そこで、今回はより丁寧に各学年の教材の特性を明らかにした上で、読者の皆様と一緒に「国語授業づくり」に取り組むことのできる一冊を創りたいと願い、筆を執りました。

したがって、本書は、普段私の頭の中で行われている教材研究、そして授業づくりの思考プロセスをオープンにした一冊でもあります。「立体型板書」を用いた国語授業のおもしろさを少しでも実感していただければ幸いです。

第1章では、「立体型板書」の国語授業づくりのプロセスと勘所を丁寧に解説しました。文章から私がどのような手順で国語授業を組み立てているのか、そして、「子ども観」「教材観」「授業観」「指導観」「人生観」を感じ取っていただけたらと思います。

第2章は、渾身の力を込めた授業実践を掲載しました。令和二年度の教科書から収録されている新教材を含めた全20本の授業実践例を通して、一緒に教材研究、授業づくりに取り組みましょう。ぜひ、この本の向こう側にいる私と「なるほど！　それはおもしろい！」「いや、その解釈はちょっと違うと思うな」等と対話しながらお読みいただけたら嬉しいです。

沼田拓弥

さあ、子どもたちが伸び伸びと学び合う

「立体型板書」の国語授業づくりを一緒に始めましょう！

もくじ

●「立体型板書」でつくる国語の授業 説明文

「立体型板書」―10のバリエーション

第1章 「立体型板書」でつくる国語の授業

第2章

授業の実際

第1章

「立体型板書」でつくる国語の授業

立体型板書

1　一緒に「立体型板書」の国語授業づくりを始めましょう！

1　「立体型板書」が国語の授業を変えた！

「『立体型板書』の授業で子どもたちの学びの姿が変わりました！」

ありがたいことに、前作『「立体型板書」の国語授業』をお読みいただき、実践に取り組まれた多くの先生方から嬉しいお言葉を頂戴しています。**従来の「羅列型板書」の国語授業から脱却し、未来志向の「立体型板書」の国語授業へ**と意識を高めたことで子どもたちの学びの姿勢に変化が生まれています。

「立体型板書」の国語授業とは、恩師・長崎伸仁先生の教えを基に板書のバリエーションを10種類に整理したものです（巻頭資料『立体型板書』―10のバリエーション―」参照）。これまでの国語授業における板書は、右から左へと時系列に沿って子どもたちの発言が羅列されるだけの「羅列型板書」が多く、「思考の活性化が十分に行われていないのではないか」と課題を感じていました。一方、「立体型板書」は、基本となる10のバリエーションを型として、**三つの論理的思考力（「比較・分類」「関連付け」「類推」）**を引き出します。また、子どもたちの**「思考プロセス」の可視化**を重視しています。子どもたちの思考は、ただ発言を羅列するだけの「羅列型板書」ではなかなか活性化しません。板書という学習ツールを上手に活用することで、多くの気付きを生み出し、言葉の力を伸ばすことができます。その一つの方法が「立体型板書」を用いた国語授業です。

「立体型板書」の国語授業づくりについて述べる前に、まず確認しておきたいことがあります。それは、**「板書の目的とは何か」**ということです。「板書が苦手でうまくまとまらない」という声をよく耳にします。板書の目的とは「うまくまとめること」なのでしょうか。板書は「うまくまとめよう」とする意識が強すぎると泥沼にはまってしまいます。そうではなくて**「つなげよう」という意識**の方が大切です。まずは、子どもたちの発言を丁寧に**価値付けること**。次に、板書の言葉を矢印や吹き出しでつなげることで**思考プロセスの共有化**を図ります。そして、今は**思考を「広げているのか」、それとも「深めているのか」**意識しながら授業を展開します。こうすることで、学習ツールの一つとして板書を用いる目的がより明確になります。

そのためにも、まずは「立体型板書」の10のバリエーションを頭にインプット（イメージ）します。そして、どのような思考を子どもたちに働かせたいのかを考え、授業づくりを行うことが大切です。教材研究の段階では、説明文や物語文の特性を捉え、その特性を生かしながら「どう板書を組み立てれば子どもたちの思考を可視化・活性化することができるのか」にこだわって授業を考えます。私は、この取り組みが子どもたちの「論理的思考力」や「言葉の力」、そして「人間性」を育てていくことにつながると信じています。「立体型板書」の国語授業に取り組まれた先生方であれば、この点に納得していただけるのではないでしょうか。「立体型板書」の国語授業づくりの背景にある教育哲学も、ぜひ大切にしていただきながら、これから述べる授業づくりのポイントをお読みいただければと思います。

2　結果以上に学びの「プロセス」を重視した授業づくりを！

「立体型板書」は、「羅列型板書」に比べて最終的な仕上がりのインパクトが強く、その「結果」を重視しているように思われる方も多いようですが、実際は違います。「立体型板書」で最も重視していることは、子どもたちの思考がどのように広がり、深まったのかという点、つまり学びの「プロセス」です。

では、なぜ「プロセス」を大切にするのでしょうか。読みの授業における「精査・解釈」を充実させるためには共通のキャンバスが必要です。そのキャンバスこそ「板書」なのです。板書を通して、一人ひとりの思考は共有され、自分と他者の考えの違いに気付きます。そして、思考が広がり、深まります。この「広がり」や「深まり」を学級の共有財産にする力が板書にはあります。「子どもたちの思考がどのように広がり、深まったのか」という**学びの「プロセス」を板書で可視化**することで、子どもたちは文章の「読み方」を学ぶことができます。この「読み方」を身に付けることができれば、たとえ教材が変わったとしても､自分の力で力強く読みの世界へと立ち向かえる学習者を育てることにつながります。つまり､**「一人ひとりを力強い読み手へと育てる」ための「板書」**なのです。そして、その力はインプットからアウトプットへ、つまり「書き手」へと転じた時にも大きな力を発揮します。筆者や作者の思考プロセスを学ぶことで、子どもたち自身が表現者となった時にも活用できる力が身に付きます。

「プロセス」を重視した板書づくりについては、これまで多くの先人たちが主張しています。大内善一（1990）では、「板書は教材の論理はもちろん、指導のねらい、学習者の思考のプロセスなどが統合的に抽象化・構造化されたものでなければならない」とあり、三十年も前から、板書における思考プロセスの重要性を主張していたことが分かります。注 同時に、この「思考プロセスを重視した板書」は、国語科授業づくりにおいてなかなか克服されていない課題であることも明らかです。

有識者だけでなく、この本を手にとってくださっている多くの先生方も、次のように感じているのではないでしょうか。

「板書が掲載されている書籍を手にした時に本当に知りたい部分は、最後の結果だけでなく、どのように板書ができあがっていくかという『プロセス』なのに……」

前作の理論編で動画が見られるようにQRコードを用いたのも、このニーズに少しでもお応えできればとの思いからでした。子どもたちがどのような学びの軌跡をたどったのかを可視化し、その軌跡の妥当性について議論することにこそ、板書の価値があります。第2章の具体的実践事例でも、この「プロセス」がより丁寧に伝わるように意識して執筆しました。お読みいただく際には、ぜひ**「どのような思考プロセスを示しているのか」**を想像しながらご覧いただければと思います。

注　ほかにも、大西道雄（1990）、野地潤家（1990）、吉田裕久（1992）、花田修一（2006）、町田守弘（2006）、吉永幸司（2010）、若林富男（2011）、輿水かおり（2018）が言及しています。詳しくは拙稿（2020）「小学校国語科における板書の在り方に関する一考察」に掲載しています。

3　国語科学習指導書の実態を知っていますか？

具体的な授業づくりのポイントに入る前に、ぜひ知っておいていただきたい事実をご紹介します。それは、多くの教員が学校で頼りにしているであろう「国語科学習指導書」（以下、指導書）の実態です。実は、指導書に掲載されている「読むこと」単元における板書例を整理したところ、**多くの板書例が「羅列型板書」として提示されている**ことが明らかになりました。ある出版社の指導書（令和二年版）の小学一年～六年までの全２００の板書例（説明文87事例、文学１１３事例）のうち、「羅列型板書」に分類されたものは１４２事例という結果でした。これは**全体の71％**を占めています。

この結果からも明らかなように、国語科における板書はまだまだ思考を整理することを主な目的としています。多くの小学校が授業の指標としている指導書でさえ「羅列型板書」を基本とした授業案ですから、「立体型板書」の国語授業の価値が認められるまでにはまだまだ時間がかかるかもしれません。もちろん思考の整理は大切な学習過程です。しかし、ただ発言を時系列で書き並べるだけでは、せっかくの板書がもったいないと思いませんか。さらにもう一歩踏み込み、「思考プロセスの可視化」に重点を置くべきです。この本を手に取ってくださった先生方一人ひとりの意識変革こそ、国語授業を変える最初の一歩になります。

2 「立体型板書」の国語授業づくりのポイント 説明文編

では、ここからは「立体型板書」を用いた国語授業づくりのポイントについて説明します。第2章の具体的な授業案は、以下の五つのステップに沿って示されています。この五つのポイントに沿って授業づくりを進めることで「立体型板書」の国語授業づくりを読者の先生方も自分の力で組み立てることができるようになります。ぜひ、「自分だったら、こう考えるかな」と思考を巡らせながらお読みください。

「立体型板書」の国語授業づくり 五つのポイント

①教材の特性
②「立体型板書」のポイントと育てたい論理的思考力
③授業の流れと学習課題
④板書プロセス図
⑤考えを深めるための補助発問

1 教材の特性

まずは、各教材がどのような特性をもっているのかを捉える必要があります。説明文の場合、低学年から中学年、そして高学年になるにつれて文章自体は複雑化します。しかし、基本となる文章構造や文型（頭括型・尾括型・双括型）を押さえ、言葉の具体と抽象を意識した教材研究を行えば、シンプルに文章を捉えることが可能です。難しいものを難しく教えるのではなく、なるべくシンプルな思考で指導ができるように「教材の特性」を捉えましょう。

「立体型板書」と説明文教材の相性を考えると、文章構造の理解では**構造埋め込み型**や**問答型**、**内容解釈では対比型や類別型が最も使用頻度の高いバリエーション**と言えます。また、それぞれを組み合わせて使用することもあります。

では、具体的な「教材の特性」の捉え方を示します。

低学年教材では、はじめに「問いと答え」の関係を探します。これは、**問答型**を用いて、板書で教材の構造を示すことにつながります。文章の入口と出口が分かれば、後は出口までの道筋です。この道筋の部分には、具体例（事例）が紹介されているものがほとんどですので、「どの部分が比べられるかな？」「同じところや違うところはどこかな？」と考えると**対比型**や**ベン図型**を用いた板書につながります。また、時間の「順序」に着目することで**循環型**の板書を効果的に使うことができる場合もあります。

中学年教材では、「筆者の伝えたいこと（主張）」がより明確になる教材が増えます。低学年での基礎的な文章構造を把握することはもちろん、それに加えて、「言葉の抽象と具体」に着目することでつながりを発見することができます。「はじめ・中・おわり」という文章構造を**構造埋め込み型**として板書上段に示し、下段では**類別型**や**スケーリング型**を用いながら、筆者の考えがどのように論理的に示されている（示されていない）のかを検討することができます。特に「はじめ」や「おわり」には抽象的な言葉が多く使われていますので、その言葉と「中」に書かれた具体をつなぐことで教材全体が立体的に見えてきます。

高学年教材では、図表を活用した文章や筆者の論の進め方についても検討できる教材が増えます。図表を活用した文章では、本文との対応やその整合性を確かめ、図表の必要性（本当に必要なのか）についても考えてみるとよいでしょう。

また、筆者の論の進め方は「分かりやすいか」「納得できるか」と考えながら読むことで文章のよさと課題が見えてくるはずです。

子どもたち一人ひとりが表出する言葉を大切にしつつ、様々な観点から教材を解釈できるように「教材の特性」を捉えておきましょう。そして、それぞれの発達段階に合わせて、教材の特性を生かした学習課題の設定へと向かいます。

2 「立体型板書」のポイントと育てたい論理的思考力

教材の特性を捉えることができたら、子どもたちの思考を効果的に可視化できそうな「立体型板書」を選択します。現段階では、10種類に整理して提案していますが今後、新たなバリエーションが増えることや読者の皆様のオリジナル板書が生まれてくることも考えられます。再度、確認しますが「立体型板書」を使うことが目的ではありません。子どもたちの**思考プロセスの可視化や深化のための手段の一つであること**を頭に入れた上で、板書を選択します。目的と手段を混同しないように気を付けてください。

立体型板書では、思考のつながりを大切にします。特に**思考のつながりは、「広がり」と「深まり」という二つの視点**から組み立てていくと考えやすくなります。学習課題によって子どもたちの思考に刺激を与え、一人ひとりの思考を板書でつなぎます。

まずは「広がり」です。基本的には、白チョークを用いて、子どもたちの発言を板書に位置付けます。ここでは、選択しているバリエーションの特性を授業内でどのように生かしていくのかを念頭に置きながら、発言のキーワードを残します。教材文に書かれている「具体」を書きすぎないように注意しましょう。あくまでもキーワードのみを書き残し、具体的な内容については話し言葉で表現させると板書が複雑になりません。「書きすぎる板書」では子どもたちの思考もすっきりしません。なるべく**シンプルな板書**を意識します。

次は「深まり」です。一通り子どもたちの発言を位置付けたところで、指導事項や学習のめあてに向かいます。ここでは、色チョークも使いながら、子どもたちに**「あっ!」と気付きを与えるようなしかけ**を用います。説明文教材の場合、言葉の「抽象と具体」を線でつなぐことで筆者の論理が浮かび上がってきます。この「深まり」が可視化できることで、平面的だった思考が徐々に立体的になります。表面的な理解や解釈が思考のつながりによって、より本質的な理解や解釈へと変化します。子どもたちの発言も「広げる」段階よりも一段階レベルアップしたものになるはずです。

この「広がり」と「深まり」を可視化する中で、育てられる力こそ「論理的思考力」です。この点に関しては前作『「立体型板書」の国語授業』の中で詳しく述べています。「立体型板書」では、思考プロセスの可視化と同時に、以下の**三つの「論理的思考力」**を育てることも大切にしています。

①比較・分類　②関連付け　③類推

①から③に進むにつれて思考レベルも高まりますので、子どもたちの実態に合わせて、どの「論理的思考力」を育てることにつながるのかも板書づくりの段階で意識しましょう。1時間の中で一つの「論理的思考力」に焦点化して鍛える場合もありますし、授業展開に合わせて①比較・分類から始まり、②関連付けを行い、③類推するレベルにまで引き上げる授業もあります。授業の中に、この「論理」があると、他の教材になった時にも活用できる「読みの力」へとつなげることができます。

説明文教材の場合、筆者によって様々な論理が教材の中に用いられていますので、その特性を明らかにしながら、子どもたちの論理と結び付けることで、教材の論理と学習者の論理が絡み合い、より充実した説明文の学習が実現できます。

3　授業の流れと学習課題

第2章に掲載した実践例は、以下の五つの学習過程で授業を組み立てています。授業展開は本来、子どもたちの実態や身に付けさせたい読みの力によって柔軟に変化させていくことが大前提です。あくまでもこの流れは一つの提案です。読者の先生方には、本提案を一つの叩き台としてより子どもたちの実態に合わせた展開へとブラッシュアップしていただければと思います。

①問題意識の醸成
②学習課題の提示と個人思考
③考えの交流
④思考の深化
⑤学習のまとめ・振り返り

ここでは、①〜③について解説します。

まず、**①「問題意識の醸成」**です。45分間の授業のモチベーションを決定付ける大切な入口です。特に説明文の場合、どうしてもこの導入部分が堅苦しくなりがちです。「難しそうだな……」と子どもたちが構えてしまわないように心がけます。具体的なアイディアは教材の特性に合わせて第2章に示しますのでご覧ください。基本的には、既習内容の復習も兼ねて、文章全体の構造を確認し、板書に構造を埋め込んでしまうことが多いです。導入で板書に構造を示しておくと、その後の展開の中で、文章構造と教材の内容を関連付けて子どもたちが思考することができます。

次に、**②「学習課題の提示と個人思考」**です。問題意識を高めたところで、子どもたちの思考を刺激する学習課題を提示します。この学習課題づくりに関しては、『「Ｗｈｉｃｈ型課題」の国語授業』との相性がよく、この考え方を用いた課題が多いです。私が課題づくりで大切にしていることは、「全員が自分の考えの立場を明確にできること」です。また、個人思考ではノートに自分の考えの根拠と理由も含めて記述させます。ここで自分の考えをノートに可視化することが、「考えの交流」の第一歩になります。

そして、**③「考えの交流」**では、子どもたちの考えを発表させながら板書を用いて、その「思考プロセス」を可視化します。まずは、「広がり」を意識しましょう。子どもたちの考えの共通点と相違点を明らかにしながら整理し、一人ひとりの発言を価値付けます。説明文の場合、板書上部に示す文章構造と関連付けながら教材（筆者）の論理が浮かび上がるようにします。ある程度、板書に子どもたちの考えが可視化されたタイミングで、板書を見ながらのペア学習や再思考（ノートに改めて考えを記述）を行うことも効果的です。論理的思考力の育成でも触れた「比較・分類」や「関連付け」の思考力もここで育まれます。自分とは違う考えに触れることで、「あぁ、そういう見方もあるんだな」と他者の考えを受け止める姿勢も育ちます。

4 板書プロセス図

本書の最大の特色でもある板書プロセス図。自分が読者だったら「ここが一番知りたい」という板書の勘所でもあります。このプロセス図を準備（イメージ）しておくことでゴールまでの通過点を確認できます。

私は板書計画を考える際、**2段階のステップ**で考えます。「まずはここまで」という第1段階と、「思考を深める」を意識した第2段階です。これは、ここまで述べてきた**「広げる」と「深める」**にもつながる部分です。

基本となる板書バリエーションが決まったら、学習課題に対する予想される子どもたちの発言を書き出します。それらの発言を「論理的思考」や「授業のねらい」に合わせて配置します。もちろん授業では、こちらが予想していなかった発言も生まれますので、それらは思考プロセスを遮らないような位置に書き込めるようにします。この準備をしておくと授業中に突飛な考えが出されたとしても焦らずに対処できるはずです。

また、教師は授業中、「本当に理解できているのかな」と不安になると話す量が増えたり、板書の情報量が増えたりします。「書きすぎる板書」は子どもたちの思考を複雑にしますので、子どもたちの力を信じて、なるべく「シンプルな板書」を意識することも覚えておいてください。適度に余白を残すことが、子どもたちが自ら思考を働かせることにつながります。

5　考えを深めるための補助発問

最後は、考えを深めるための補助発問です。授業後半に設定される④「思考の深化」では、ここまで広げてきた子どもたちの思考を授業のねらいに合わせて収束させます。この収束に必要な刺激や気付きをひきだすための補助発問を考えます。これまでの授業展開ではあえて触れずに流しておいた部分にせまり、「深める」ための焦点化を行います。

ゆさぶり発問を用いて「新たな気付き」をもたらすことも効果的です。発問を投げかけた後、子どもたちの「えっ？」というつぶやきがもれる発問が理想です。また、子どもたちのふとした瞬間のつぶやきがこのゆさぶり発問につながることもあります。

分かっているようで実は分かっていない部分にメスを入れることが大切です。子どもたちは、頭では理解しているものの、いざ言語化して説明するとなると難しい部分がたくさんあります。この言語化を丁寧に行うことが子どもたちの「思考の深化」「言語力の向上」につながります。

第2章

授業の実際

立体型板書

「くちばし」（光村図書 1年） 4／8時

［本時のねらい］ くちばしの特長を比較することを通して、自分が一番使ってみたいくちばしについて考えることができる。

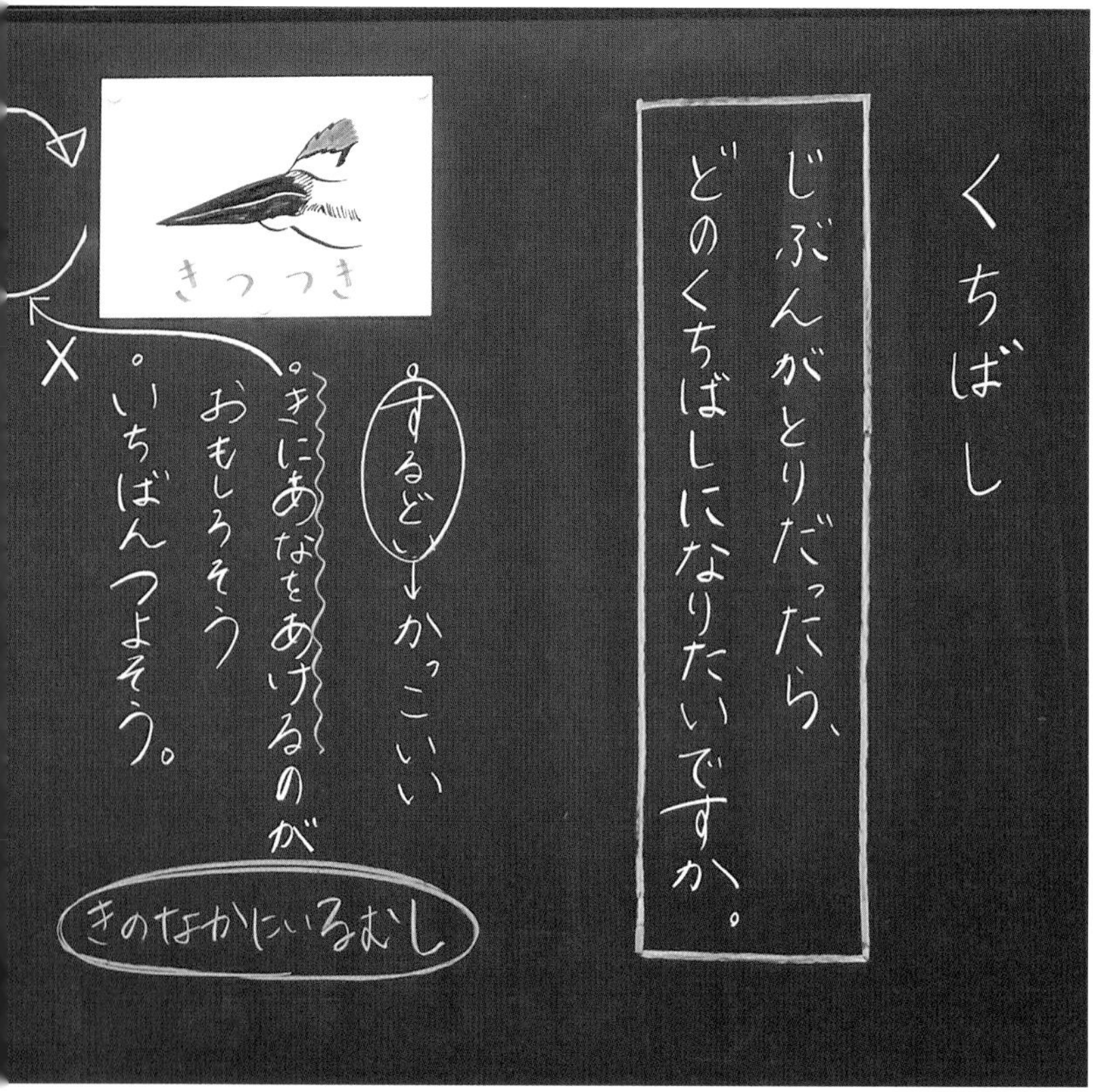
くちばし
じぶんがとりだったら、
どのくちばしになりたいですか。
するどい
かっこいい
きにあなをあけるのが
おもしろそう
いちばんつよそう。
きのなかにいるむし
きつつき

身に付けさせたい読みの力

●事例の比較 ●事例の特長

教材の特性

説明文の入口となる教材です。3種類のくちばしが紹介され、読者の子どもたちはクイズを解いているような感覚で文章を読み進めることができます。

基本となる文章の流れは、「形→問いの文→役割→食べ物」の順になっています。まずは、このリズムよく繰り返される文章から、それぞれのくちばしの情報を正確に捉えましょう。

その上で、本時のように「自分だったら……」と解釈を議論できる課題を設定することでシンプルな文章でも学びを深めることができます。

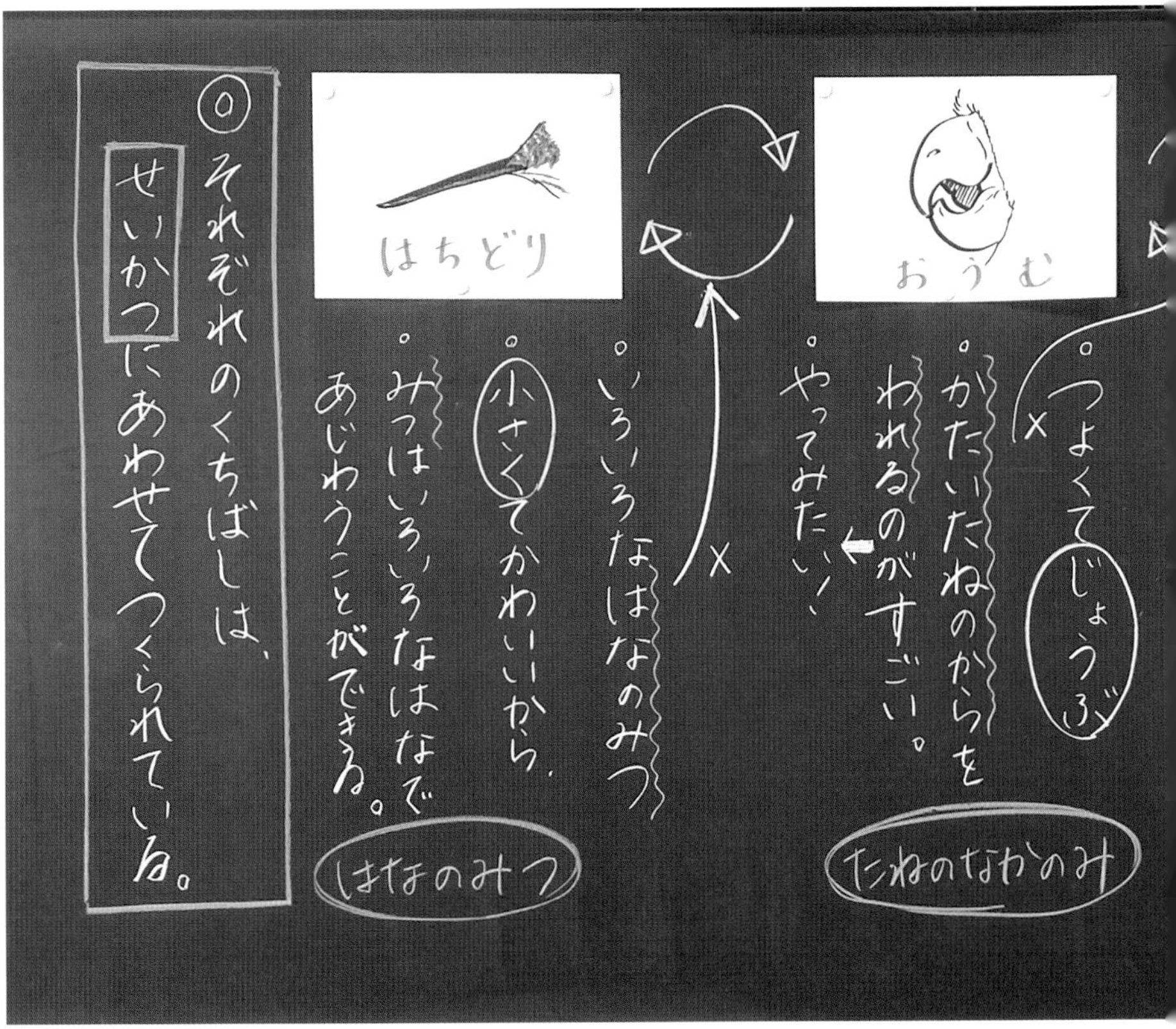
おうむ
。つよくてじょうぶ
×
。かたいたねのからをわれるのがすごい。
。やってみたい！
たねのなかのみ
はちどり
。いろいろなはなのみつ
×
。小さくてかわいいから
。みつはいろいろなはなであじわうことができる。
はなのみつ
①それぞれのくちばしは、せいかつにあわせてつくられている。

立体型板書のポイント

それぞれのくちばしの特長が比べやすいように観点を揃えて板書をつくりましょう。観点を揃えることで、子どもたちの思考も整理されます。この板書は、最もシンプルな「立体型板書」の型と言えますが、この基本形が全ての板書の根幹になります。

縦軸と横軸の二つの流れで注目することで、違った発見があるおもしろさを実感させましょう。

論理的思考力を育てるポイント

比較・分類

論理的思考力を育む最も基本となる「比較」の思考を育てます。比べることで、似ている部分・似ていない部分がはっきりします。説明文学習の入り口として、丁寧に「比べることの大切さ」を理解させましょう。この基本を大切にすることで今後の学びも充実するはずです。

板書プロセス図
くちばし
じぶんがとりだったら、どの
くちばしになりたいですか。
きつつきの
写真・イラスト
おうむの
写真・イラスト
はちどりの
写真・イラスト

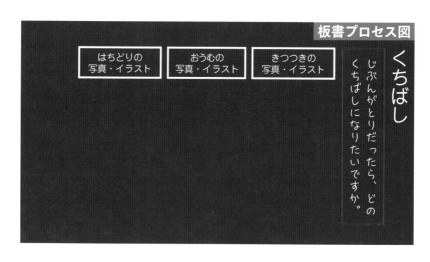

Check

1 問題意識の醸成

板書プロセス図参照

くちばしの写真を見ながら、何のくちばしだったかを思い出させましょう。理由も尋ねるとよりよいです。

T この写真は、何のくちばしでしょうか。

C おうむです！ くちばしの先が尖っていないから。

POINT 1 これまでの学習の復習も兼ねて、全員が答えることのできる簡単なクイズから授業を始めます。

2 学習課題の提示と個人思考

> 自分が鳥だったら、どのくちばしになりたいですか？

C わたしは（　　　）のくちばしになりたいです。なぜなら、……からです。

3 考えの交流

C わたしは、はちどりかな。細長いくちばしで色々な花の蜜を吸ってみたいよ。

C ぼくは、きつつき。鋭いくちばしがかっこいいから。

C おうむもいいな。種の殻を割れるくらいだから、きっと見た

POINT 1

ここまで学習したくちばしの特長と写真を結び付けながら、口頭で情報を整理します。子どもたちのつぶやきを価値付けながら、楽しく授業に参加できる空気をつくりましょう。

ここでの思考の耕しが、次の学習課題に対する個人思考の充実につながります。

POINT 2

実はそれぞれのくちばしは、鳥たちの生活スタイルに合わせて作られていることに気付かせましょう。これは、それぞれを単体で見ただけでは気付きにくい部分です。比べて考えたからこそ、発見があるおもしろさを実感させましょう。

目によらず強くて丈夫なんだと思うよ。

特長を生かしてどのようなことをしてみたいのか、想像を膨らませながら発言させましょう。

4 思考の深化

考えを深めるための補助発問

もし、この3匹の鳥のくちばしが入れ替わってしまったら、どうなってしまうでしょうか？

C はちどりは蜜が吸えなくなって大変だよ。

C おうむも細長いくちばしじゃ、硬い殻を割って食べることができなくなってしまうよね。

POINT 2

それぞれのくちばしの特長は、鳥たちの生活スタイル（特に食べ物）に合わせた形になっていることに気付かせましょう。

5 学習のまとめ・振り返り

T 想像しながら読むと、くちばしの特長が鳥の生活に合わせた形に作られていることがより分かりましたね。

▼対比型

「じどう車くらべ」

（光村図書 1年） 5／7時

［本時のねらい］新たなじどう車の事例を加える活動を通して、事例の「しごと」や「つくり」の共通点について考えることができる。

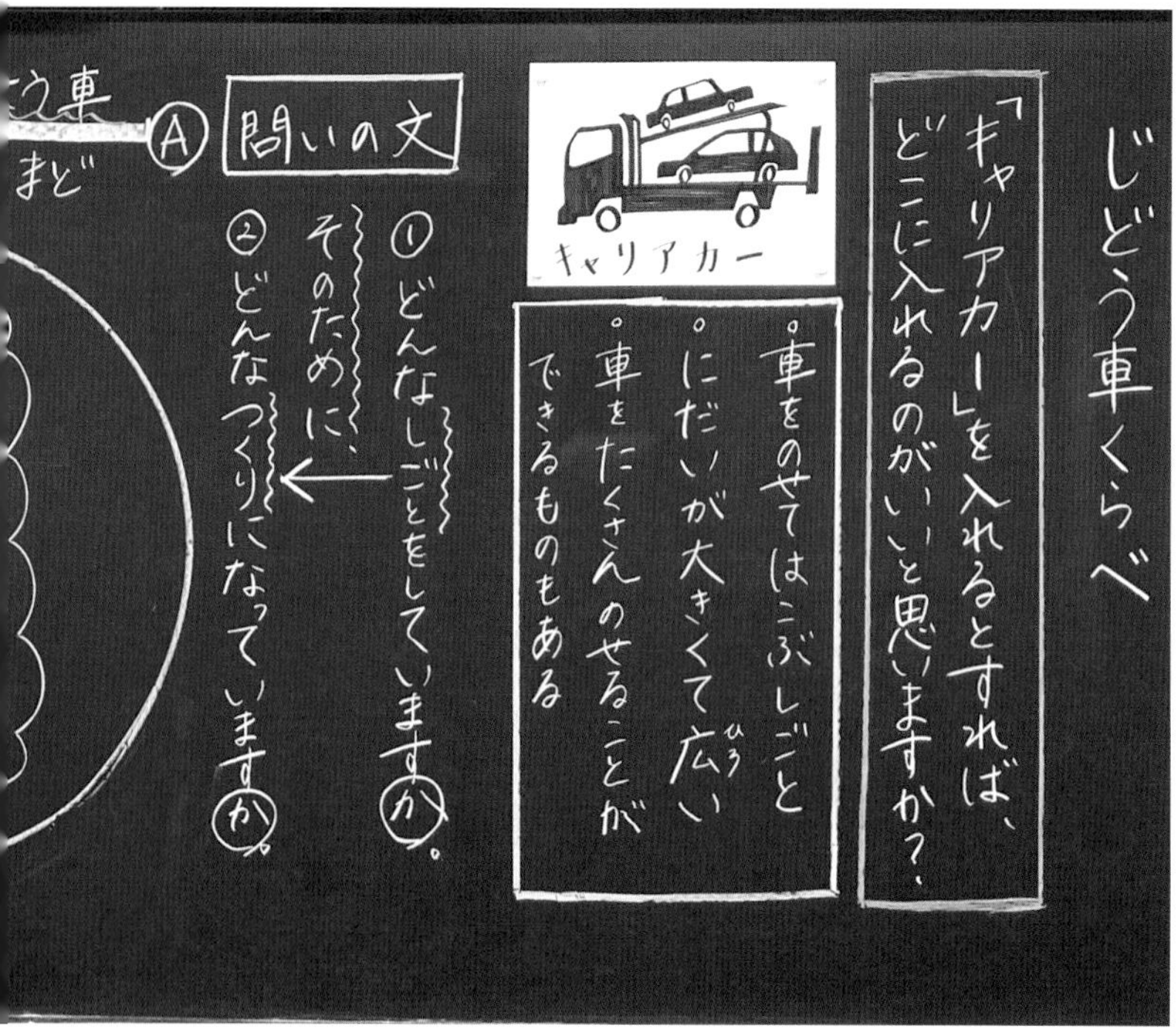

身に付けさせたい読みの力

●事例を比べる　●事例の特長　●順序

教材の特性

問いの文によって、文章を読む際に読み取る視点が明確になり、紹介される事例も同じ型で説明されるため問いに対する答えも掴みやすい教材です。

一方、情報を段落ごとにただ読み取るだけでは思考が単調になりやすい点にも注意が必要です。それぞれの「しごと」と「つくり」を簡単に把握した後は、3種類を比較させながら様々な観点から読みを深める活動を設定しましょう。本時の新しい事例の追加も基本的には、比較を通して共通項を見出す活動になります。

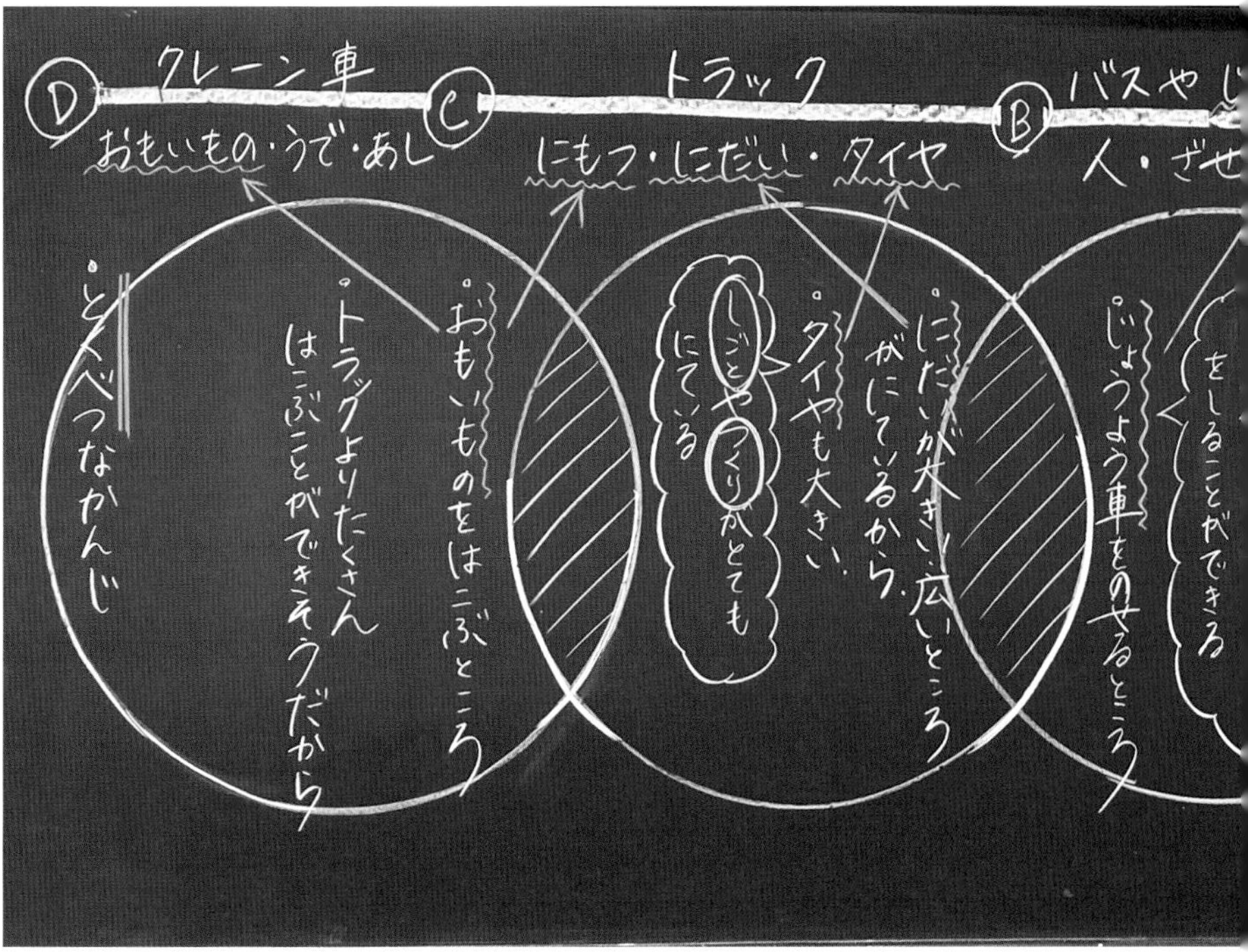

立体型板書のポイント

板書上部には、紹介されている3種類のじどう車の特長を簡単にまとめ、文章構造を提示しましょう。そして、学習課題にある新しいじどう車の挿入箇所を検討する際に有効になるのがベン図型の板書です。

問いの文にもある「しごと」と「つくり」の共通点を探りながら、どの部分に新しい事例を挿入することが適切なのかを論理的に考えることができます。

論理的思考力を育てるポイント

比較・分類

それぞれのじどう車の特長（仕事とつくり）を比べながら情報を整理しましょう。その上で、もう一歩思考を深めるために、新たなじどう車を加えます。紹介されているじどう車との共通点を見出すことで、事柄の順序性に注目させることができます。

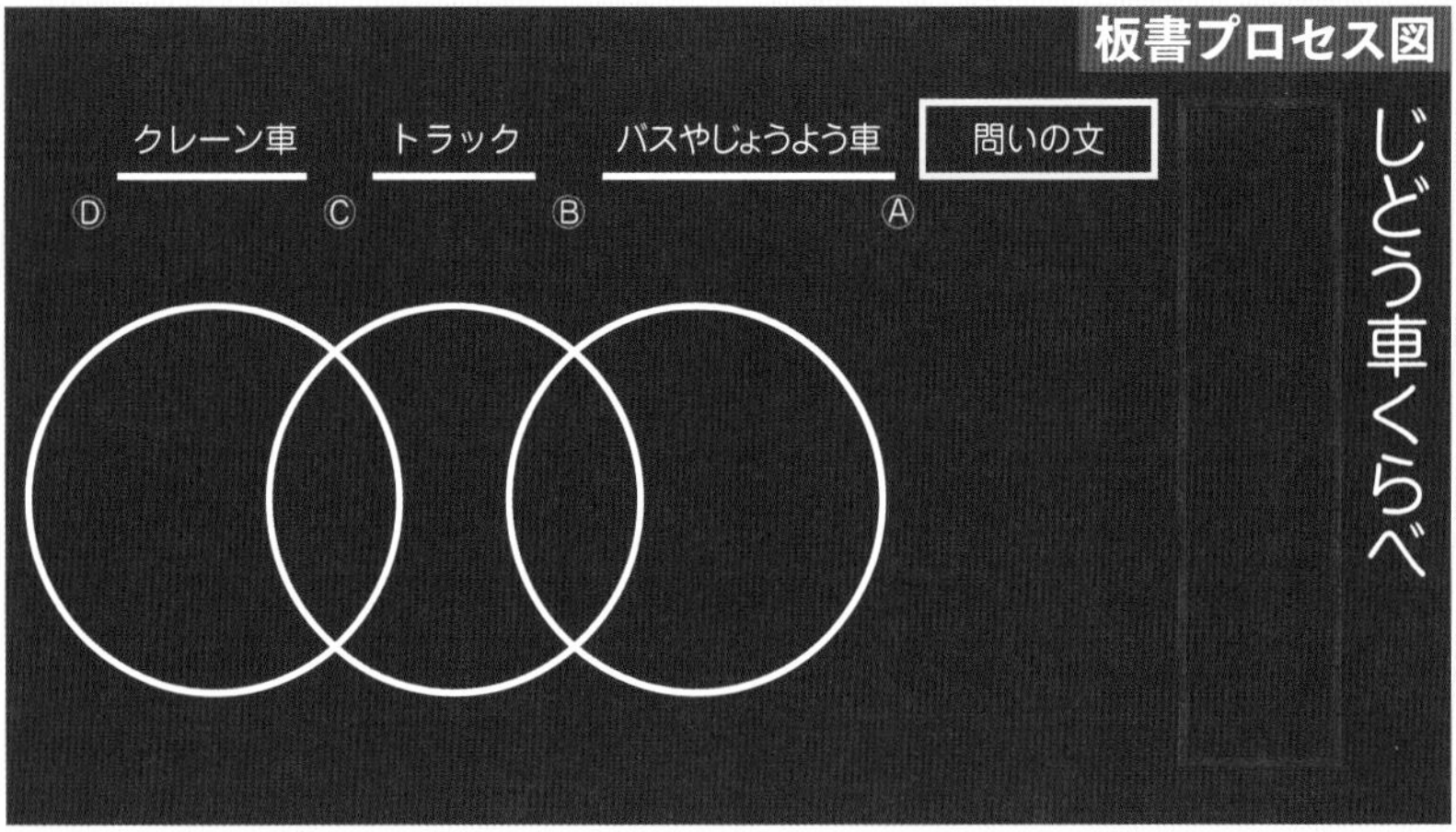

Check

1 問題意識の醸成

板書プロセス図参照

これまでの学習を振り返り、「問いと答え」等の文章構造を確認した後、ベン図を描き込みます。

T この文章はどんな順序で、何が説明されていますか？

C 「バスやじょうよう車」「トラック」「クレーン車」の順番で……。

POINT 1 文章全体を俯瞰して捉えるための土台を整えましょう。ベン図の意味も簡単に確認しましょう。

2 学習課題の提示と個人思考

> 「キャリアカー」を入れるとすれば、どこに入れるのがいいと思いますか？（事例の写真と説明あり）

C わたしは（　　）がいいと思います。なぜなら、……からです。

3 考えの交流

C わたしはBがいいと思います。最初に説明されている「じょうよう車」と話がつながっていくからです。

POINT 1

文章構造を確認し、説明文の基本事項を板書に示します。この小さな積み重ねが系統的な指導につながります。

最初にベン図を書き込むことで思考のフレームを設定し、子どもたちが安心して学ぶことができるように配慮しましょう。

POINT 2

ここまでの学習プロセスから、紹介されている事例には筆者の意図があることを感じとっているはずです。自分が事例を追加する立場になった時には必然的にそのじどう車の特長を考えることになります。また、事例に選んだ理由を他の子に予想させるのもよいでしょう。

C ぼくはCだと思います。重いものを運ぶトラックの後の方が「しごと」のつながりができると思ったから。

新しい事例を入れる場所の理由を丁寧に言語化させます。板書を用いて言葉のつながりを可視化しましょう。

4 思考の深化

考えを深めるための補助発問

他に加えてみたいじどう車を思い付いた人はいますか？ その理由も教えてください。

C 救急車です。「バス」とは「つくり」がちょっと違うからです。

C ブルドーザーがいいな。「しごと」は似ているけれど、「つくり」が変わっているから紹介したい。

POINT 2

じどう車の特長を考えさせながら、自分でも追加する事例を紹介させることで思考を深めましょう。

5 学習のまとめ・振り返り

T 新しい事例を付け加えることで、「しごと」や「つくり」の共通する部分が見えて、考えも深まりましたね。

「どうぶつの赤ちゃん」（光村図書 1年） 6／10時

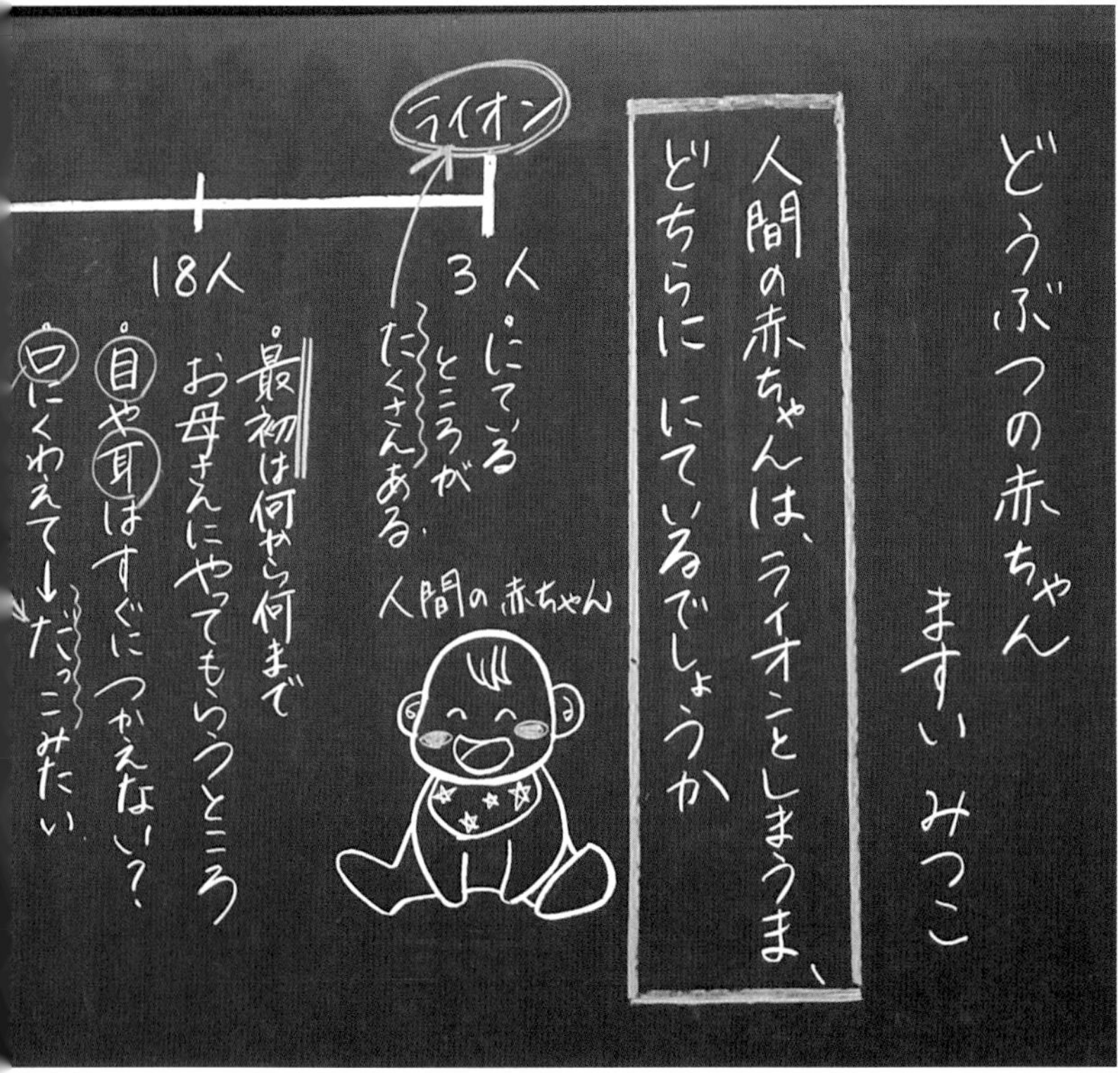

【本時のねらい】人間の赤ちゃんを事例に加え、検討することを通して、事例同士の共通点や相違点について考えることができる。

身に付けさせたい読みの力

●比較（共通点と相違点）

教材の特性

1年生として最後に学習する説明文教材です。これまでの教材でも、繰り返し「事例の比較」を通して思考を深めてきました。本教材は、最初の段落に提示される「問いの文」の流れに沿って展開します。

ライオンとしまうま、そして資料で紹介されているカンガルーとの比較は、それぞれの生活スタイルに密接していることを明らかにします。「できること」「できないこと」の視点から事例を読み取らせつつ、子どもたちの解釈をのびのびと表現させましょう。

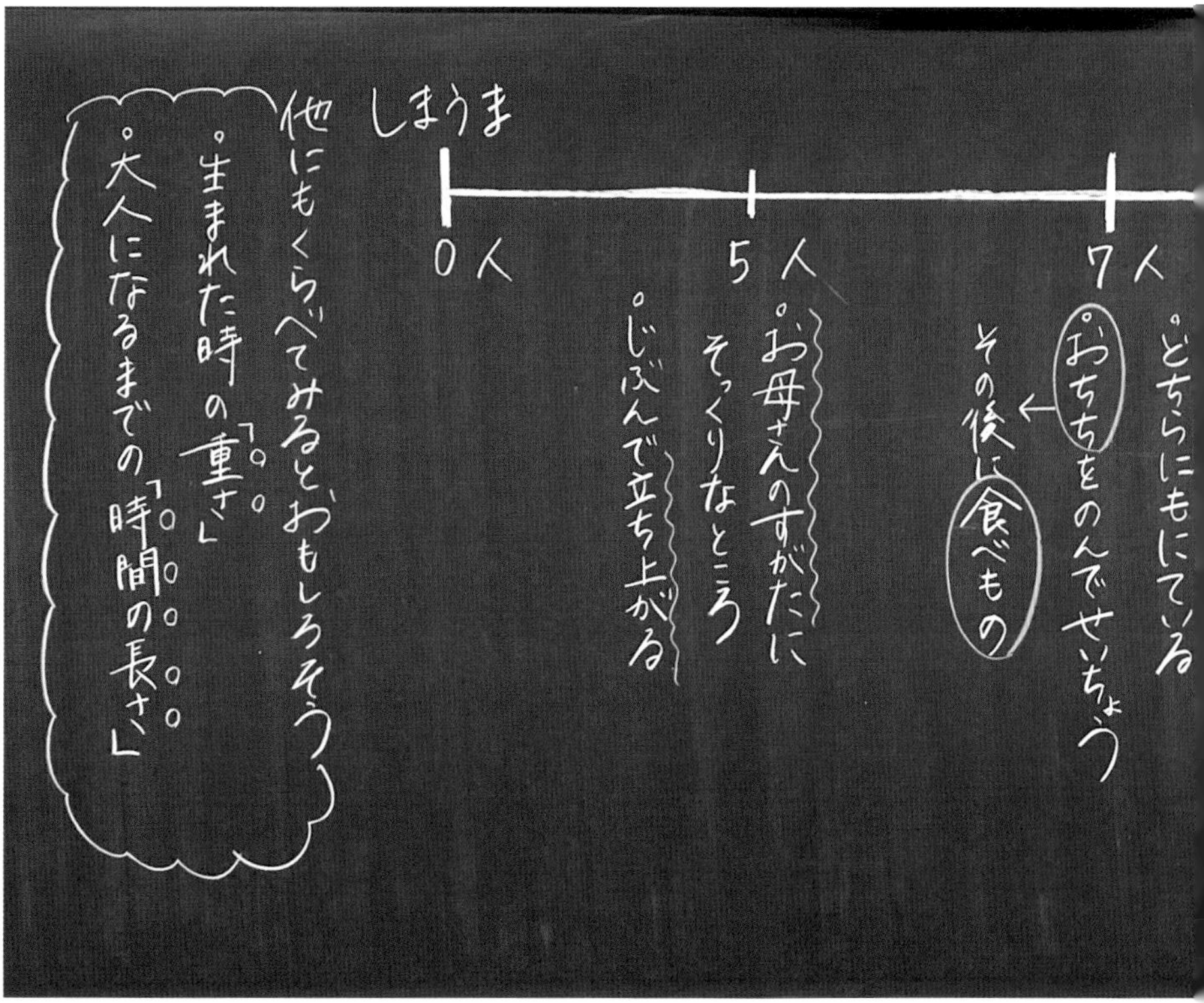
・どちらにもにている
7人
・おちちをのんでせいちょう
その後に食べもの
5人
・お母さんのすがたに
そっくりなところ
・じぶんで立ち上がる
0人
しまうま
他にもくらべてみるとおもしろそう
・生まれた時の「重さ」
・大人になるまでの「時間の長さ」

立体型板書のポイント

人間の赤ちゃんはライオン寄りか、しまうま寄りかをスケーリングを用いて思考すると、その共通点や相違点を明らかにできます。スケーリングを用いることで二者択一（ライオンかしまうまか）の場合よりも微妙なニュアンスを表現させることができます。選択箇所が違っても、子どもたちの述べる言葉に共通点がないかを丁寧に聞き分けながら板書しましょう。

論理的思考力を育てるポイント

比較・分類

教科書の中では、ライオンとしまうまの赤ちゃんの比較が行われます。そこに人間の赤ちゃんを加えることで、それぞれの特徴を捉えながら思考・判断する力を育みます。また、自分の幼いころの経験と結び付けながら、文章を読むことで視野を広げることにもつながります。

板書プロセス図

どうぶつの赤ちゃん
ますい みつこ
人間の赤ちゃんは、ライオンとしまうま、どちらに にているでしょうか。
しまうま
ライオン

1 問題意識の醸成

前時までの学習内容を振り返るクイズを行います。赤ちゃんの特徴を書いた短冊を見せて答えさせます。

T 「生まれて二か月はおちちだけ」、これはどっち？

C 分かった！ ライオンだ。しまうまは七日ぐらいだから。

POINT 1 楽しみながら全員が学習に参加する環境を整えます。スケーリングの提示も行いましょう。

2 学習課題の提示と個人思考

> 人間の赤ちゃんはライオンとしまうま、どちらに似ているでしょうか。

C わたしは（　　　）を選びました。なぜなら、……からです。

Check

3 考えの交流

板書プロセス図参照

C 「ちょうど真ん中」です。どちらにも似ているなあ。

C 「真ん中よりライオン寄り」です。最初はお母さんに何から何までやってもらうところが似ています。

C 「真ん中よりしまうま寄り」です。お母さんの姿にそっくりな

POINT 1
一方の特徴を聞いて答えが分かったら、もう一方はどのような様子かも答えさせるといいでしょう。この活動は、内容の思い出しが目的ですので、特に板書は行わず、口頭のみで次々にクイズを出して、学習の環境づくりを中心に行いましょう。

POINT 2
ここまでは教科書の言葉を元に話合いを進めてきました。比較の観点を生活経験や知識と結び付けながら、より関心を高める場にしましょう。低学年の説明文では、比較の観点を自分たちでも見つける訓練をくり返し、論理的に物事を捉える力を伸ばしましょう。

部分が似ていると思いました。

スケーリングのどの位置に当てはまると考えたのか、教科書の内容を中心に考えの理由を述べさせます。

4 思考の深化

考えを深めるための補助発問

> 教科書に載っていること以外にも、こんなところを比べてみるとおもしろそうという点はありますか?

C 生まれた時の「重さ」を比べてみたいな。
C 大人になるまでの「時間の長さ」を比べてみたいな。

POINT 2
比較の観点を広げます。説明文ですので、教科書に載っている言葉をベースに考えることはもちろんですが、経験と結び付けた読みも大切にしましょう。

5 学習のまとめ・振り返り

T 人間の赤ちゃんにはどんな特徴があるのかがよく分かりました。比べる視点も考えられてすばらしいです。

「たんぽぽのちえ」（光村図書 2年） 3／10時

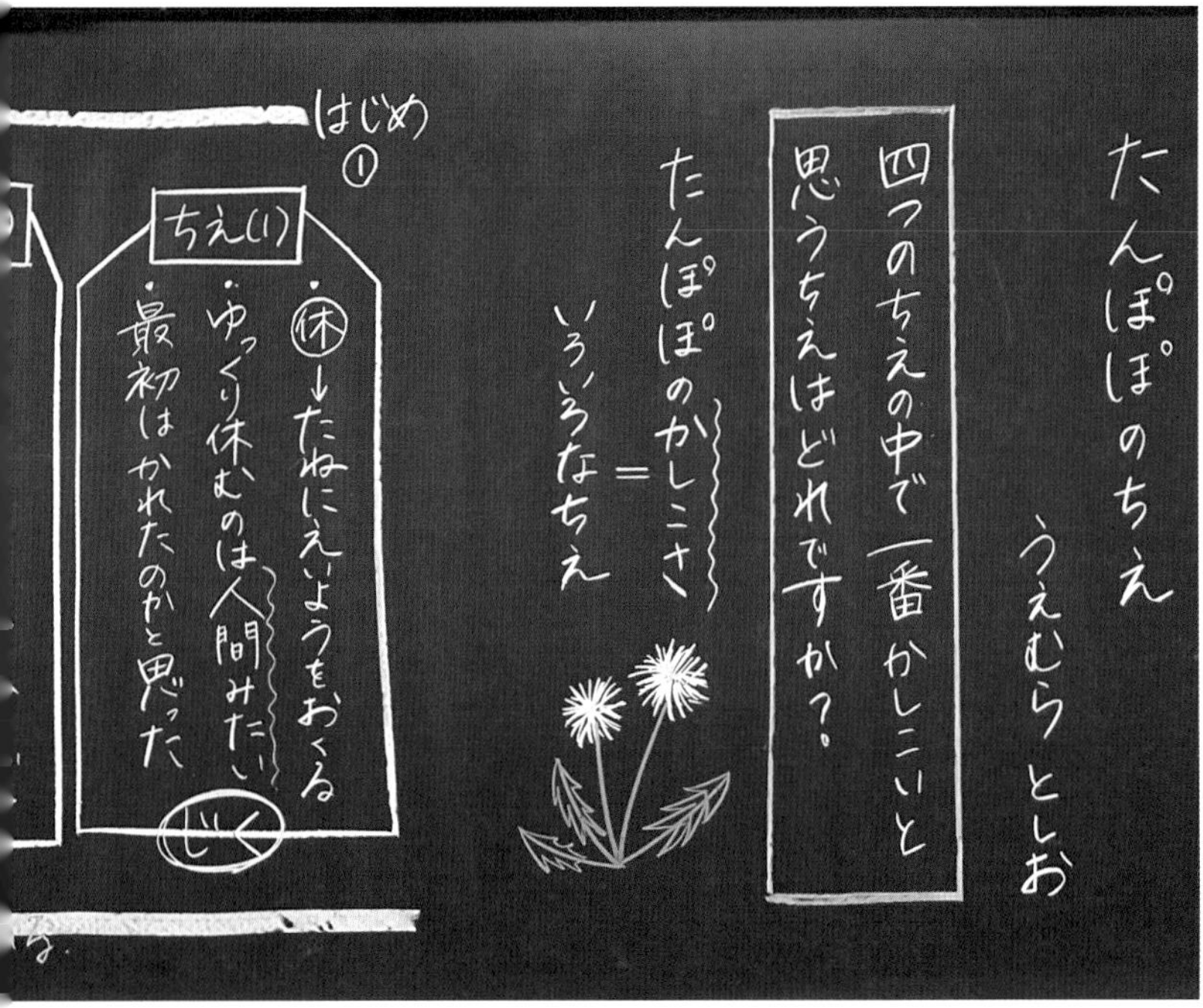

［本時のねらい］ちえのかしこさを比較することを通して、時間の順序や事柄の順序について考えることができる。

身に付けさせたい読みの力

●時間の順序 ●事柄の順序

■教材の特性

たんぽぽの一生が挿絵と共に、時間軸に沿って説明されています。これは、接続詞に注目させることで指導できます。さらに、書かれている内容（じくとわた毛）の順序に着目させることで「事柄の順序」の学習を行うこともできます。

また、「はじめ（話題提示）―中―おわり（まとめ）」が捉えやすい文章構造になっています。最終段落の「ちえ」というキーワードを中心に学習課題を設定し、授業を展開することで、子どもたちの思考が活性化されるでしょう。

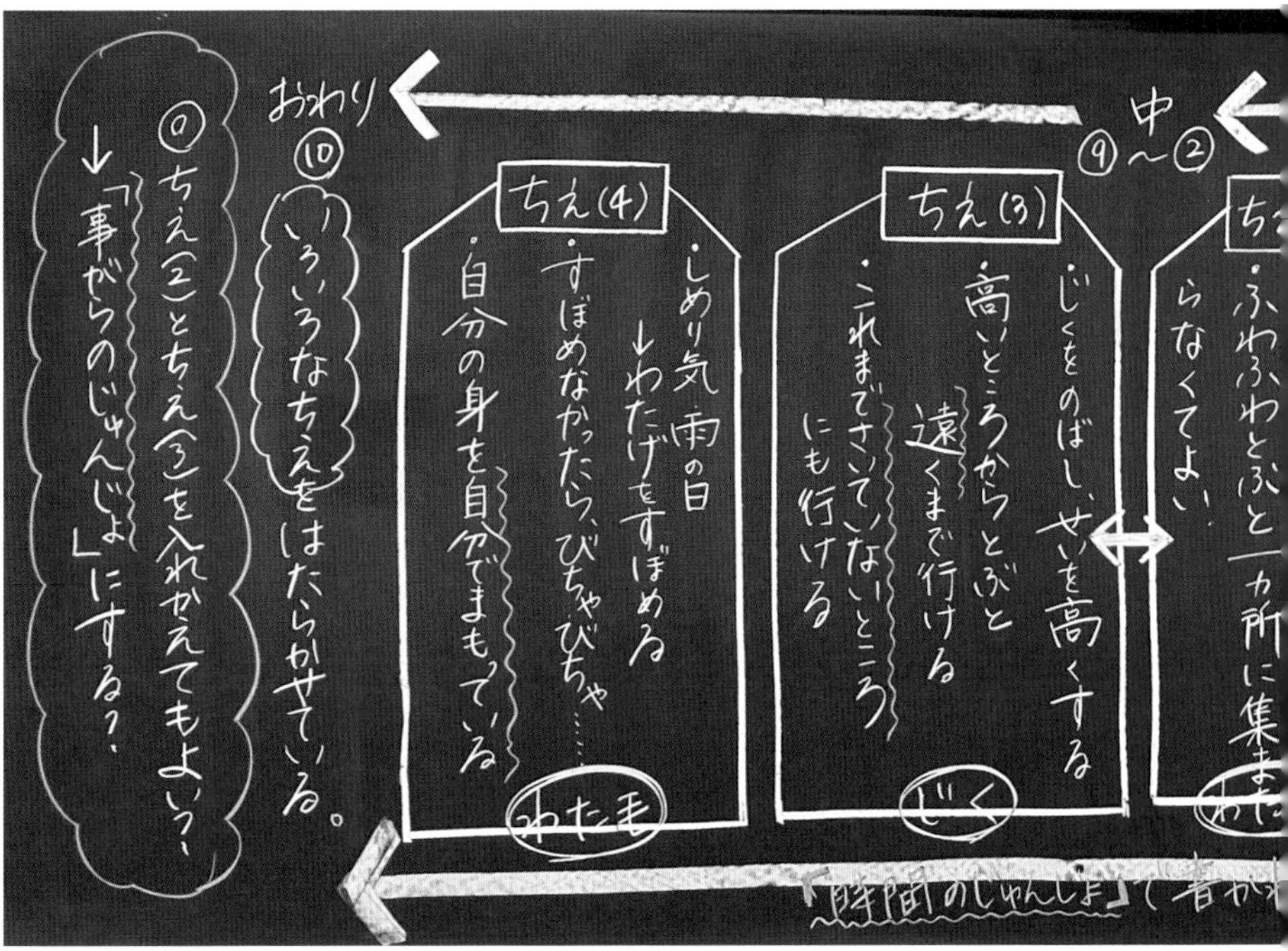

立体型板書のポイント

それぞれの「ちえ」のつながりを意識できることが大切です。

板書下段には、「時間の順序」を表す矢印を示します。そして、その上には「じく」「わた毛」といった「事柄の順序」がシンプルに可視化されるように工夫します。この工夫によって、文章の構成を意識させながら、「順序」について学習することができます。

論理的思考力を育てるポイント

比較・分類

授業前半では、説明されている四つの「ちえ」を比較させ、授業後半でこれらを大別すると「じく」と「わた毛」の二種類に分けられることを確認します。「時間の順序」だけでなく、「事柄の順序」にも着目し、内容ごとにまとめる見方を学ぶことで文章の捉え方を広げましょう。

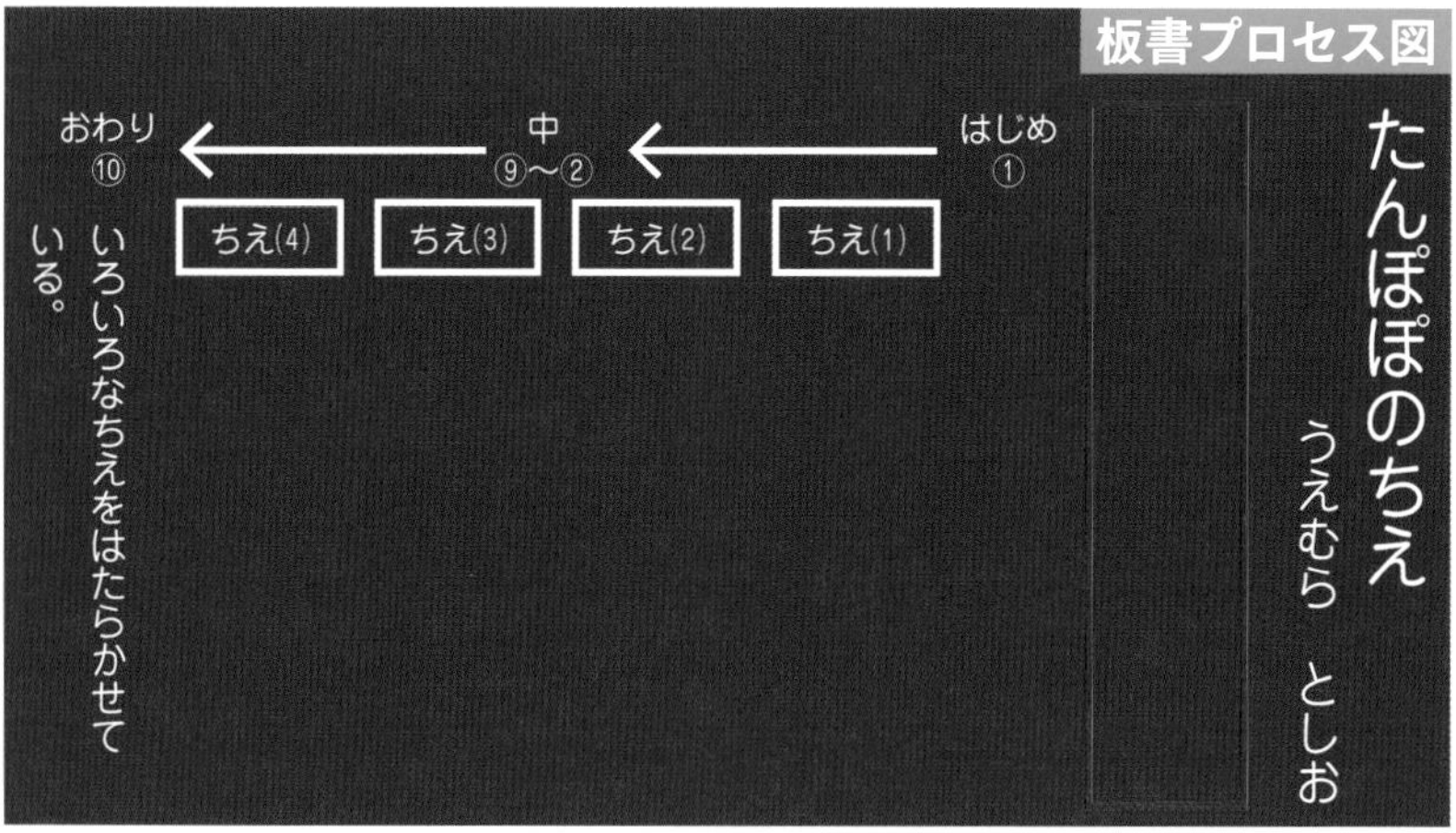
板書プロセス図
たんぽぽのちえ
うえむら　としお
はじめ
①
中
⑨〜②
おわり
⑩
ちえ(1)
ちえ(2)
ちえ(3)
ちえ(4)
いろいろなちえをはたらかせている。

Check

1 問題意識の醸成　板書プロセス図参照

これまでの学習を振り返り、文章構造を確認した後、⑩段落の「いろいろなちえ」とは何か尋ねる。

T「いろいろなちえ」とは、どんな「ちえ」ですか？

C わた毛をふわふわ飛ばすことです。

POINT 1

子どもたちの発言を引き出す中で、既習の四つのちえを板書に書き、話合いの土台を整えます。

2 学習課題の提示と個人思考

> 四つのちえの中で一番かしこいと思うちえはどれですか？

C わたしは（　　）が一番かしこいと思います。なぜなら、……からです。

3 考えの交流

C ちえ①は、休んでいるから人間みたい。

C ちえ②は、ふわふわとばすとたねが一か所に集まらないね。

C ちえ③は、まだ行ったことのないところにも花が咲くね。

C ちえ④は、自分の身を守るかしこさでもあるよね。

POINT 1

文章構造は、問題意識の醸成の段階で確認し、思考の枠を定めてしまいましょう。四つのちえを並べることで、まずは、「時間の順序」をしっかりと確認し可視化します。「時間の順序」を確認する際に、接続詞（「そうして」「やがて」など）に注目することも簡単に押さえましょう。

POINT 2

ちえの比較を行った後、それぞれのちえが何について書かれているかを確認し、類別することで「事柄の順序」に思考の流れを変化させます。それぞれの「ちえ」の内容理解だけに留まらず、「順序」という指導事項に結び付けることが大切です。

解釈を交流させることで、子どもたちの思考を広げます。様々な視点から「かしこさ」を共有しましょう。

4 思考の深化

考えを深めるための補助発問

> 同じ内容をまとめるために、「ちえ②」と「ちえ③」の順序を入れかえた方がよいのでは？

C 確かにその方が、内容がまとまっていていいかも。

C でも、それだと最初に確認した「時間の順序」がごちゃごちゃになっちゃうよ。

POINT 2

順序には「時間の順序」だけでなく「事柄の順序」もあることに気付かせ、目的によって使い分けることを教える。

5 学習のまとめ・振り返り

T 今日は、順序には「時間と事柄」の二つがあることを学習できました。

「どうぶつ園のじゅうい」

（光村図書 2年） 7／12時

【本時のねらい】「問いの文」を仮定し、その文を考えることを通して、言葉のつながりを理解し、言葉の関係性を捉えることができる。

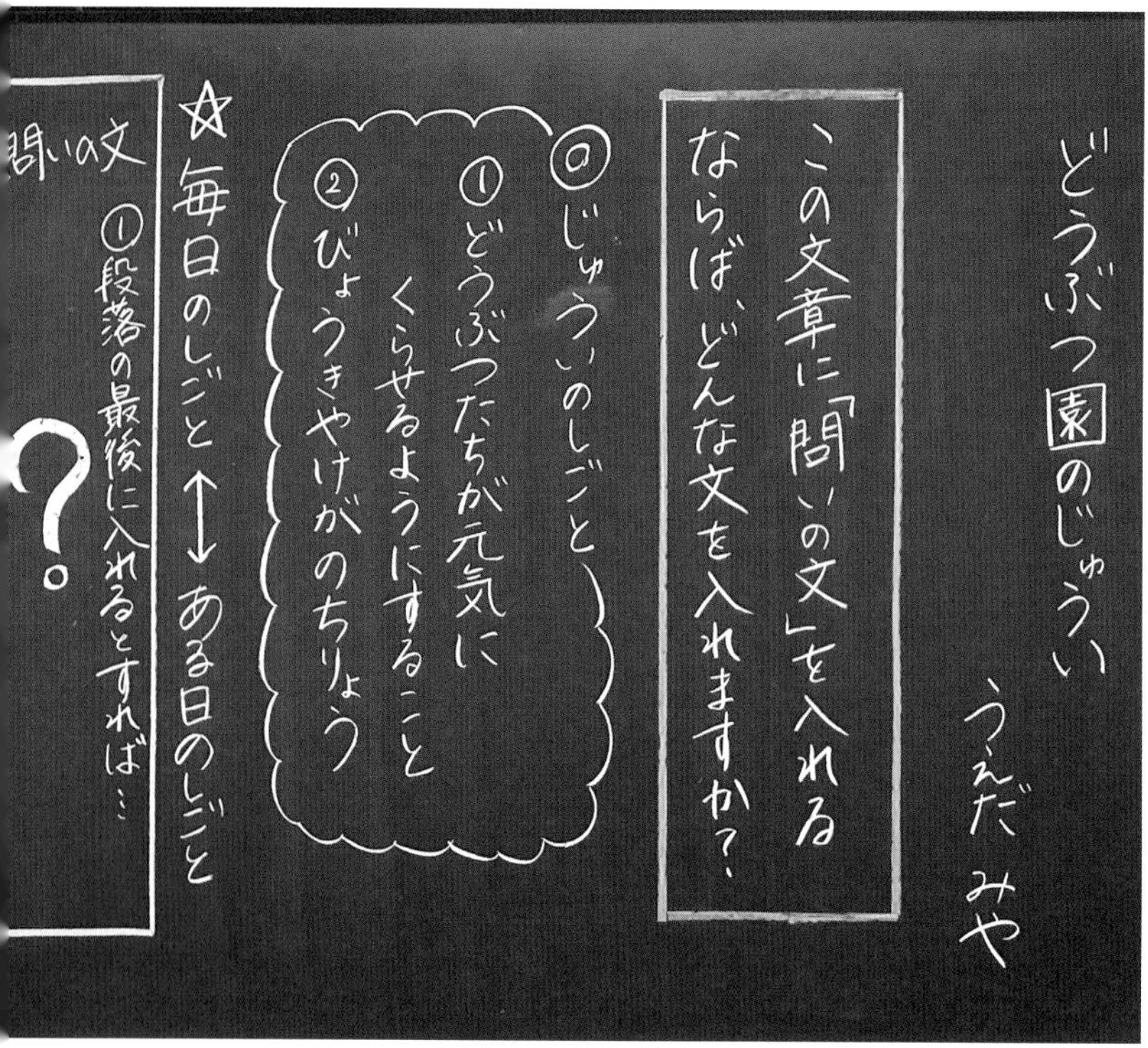
どうぶつ園のじゅうい
うえだみや
この文章に「問いの文」を入れる
ならば、どんな文を入れますか？
◎じゅういのしごと
①どうぶつたちが元気に
くらせるようにすること
②びょうきやけがのちりょう
☆毎日のしごと↔ある日のしごと
問いの文
①段落の最後に入れるとすれば…
？

身に付けさせたい読みの力

●問いと答え（まとめ） ●言葉のつながり

教材の特性

動物園の獣医の仕事は大きく2種類に分けられます。それらは毎日の仕事と、ある日だけの仕事に分類されます。この仕事の内容が朝から夜までの「時間の流れ」に沿って書かれています。

一方、この文章には低学年の説明文教材で既習の「問いと答え」の「問い」がありません。この特性を生かし、自分たちで「問いの文」を考える活動を取り入れます。「問いの文」一つをつくるのにも様々な言葉が「抽象と具体」の関係でつながり合ってくることを実感させましょう。

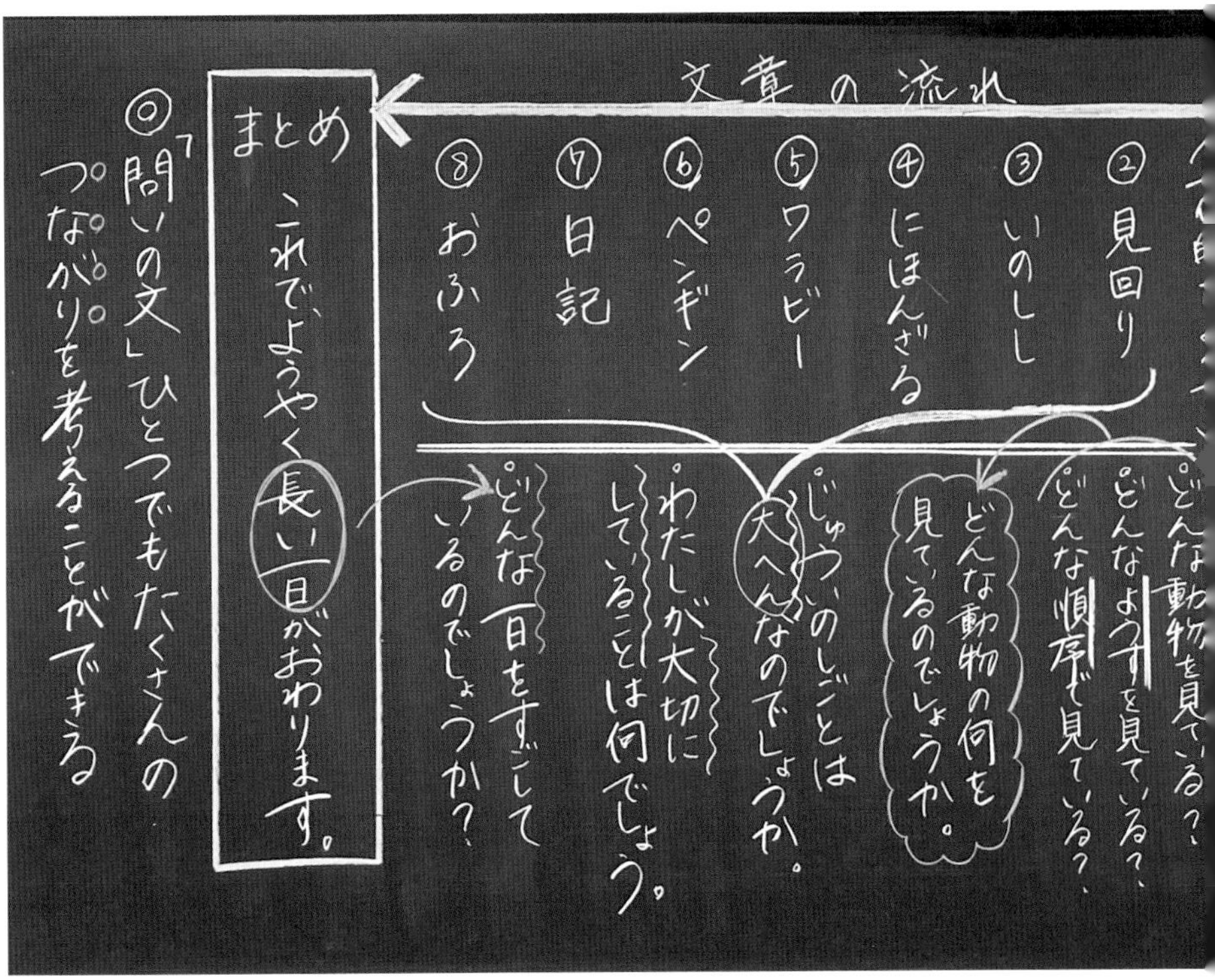

立体型板書のポイント

今回は「問答型」を用いますので、文章の最初と最後のつながりを意識した枠が目立つようにしましょう。真ん中の空所は、上下に分けて利用し、上段は各段落のキーワード、下段に「問いの文」を可視化できるようにします。

「問いの文」に使われる言葉と本文の言葉のつながりは色チョークを用いて強調しましょう。

論理的思考力を育てるポイント

関連付け

子どもたちの考えた「問いの文」は、本文のどの言葉とつながるのかを意識させましょう。言葉と言葉のつながりを意識することによって文章全体の構造を捉えることができます。

また、子どもたちの考えた「問いの文」は、いくつかを関連付けて一つの問いにしてもよいでしょう。

板書プロセス図

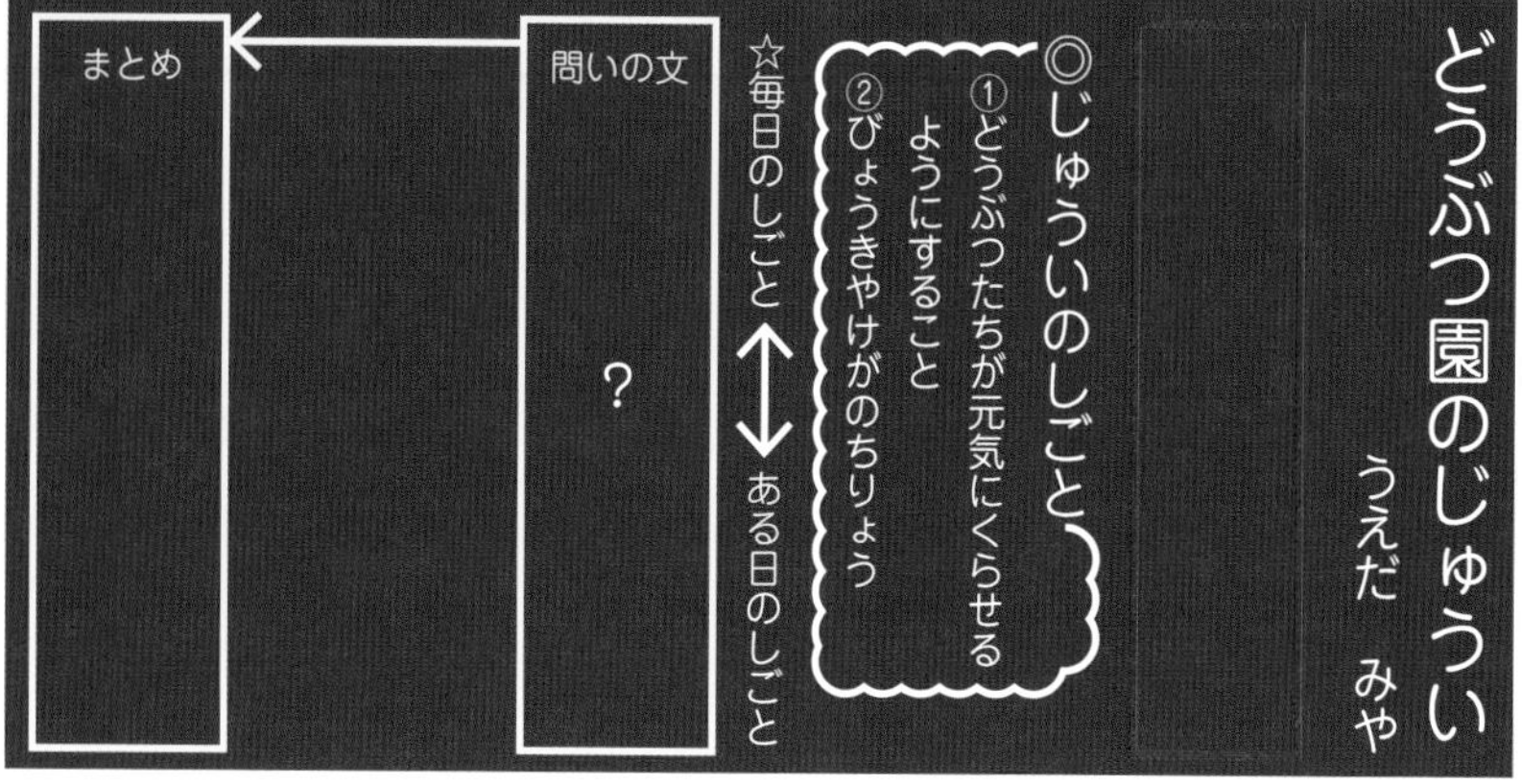
どうぶつ園のじゅうい
うえだ　みや
◎じゅういのしごと
①どうぶつたちが元気にくらせるようにすること
②びょうきやけがのちりょう
☆毎日のしごと
ある日のしごと
問いの文
？
まとめ

Check

1 問題意識の醸成

板書プロセス図参照

獣医さんの仕事について確認し、この文章には「問いの文」がないことを発見させます。

T 獣医さんの仕事は大きく二つです。覚えていますか？

C 動物たちが元気に過ごせるようにすることと病気や怪我の治療です。

POINT 1

既習内容を確かめ、本時に必要になる「読みの力」を意識させましょう。

2 学習課題の提示と個人思考

> この文章に「問いの文」を入れるならば、どんな文を入れますか？

C わたしは（　　　　）という文を入れたいと思います。なぜなら、……からです。

3 考えの交流

C どんな動物を見ているのでしょう？「様子」でもいいね。

C これまでに説明文の学習で勉強してきた「順序」も気になるね。

POINT 1
既習内容を系統的に積み上げ、意識的に活用できる場の設定を大切にしましょう。今回は「抽象と具体の関係」「問いと答えの関係」がメインになります。もし、「問いの文」があるとすれば という架空の設定でも思考は大きく活性化されます。

POINT 2
このように、自分たちの言葉を改めて評価する場を設定することで板書に残された言葉をより丁寧に吟味することができます。文章全体を意識した「問いの文」の価値に気付かせましょう。この思考は、子どもたちが説明文の「書き手」になった時にも役立ちます。

C 獣医のお仕事は大変なのでしょうか？ そして、何を大切にしながら仕事をしているのでしょうか。
C どんな一日を過ごしているのでしょうか？
「時間的な順序」と共に、つながりを意識した「問いの文」を考えましょう。

4 思考の深化

考えを深めるための補助発問

どの「問いの文」が一番この文章にピッタリだと思いましたか？

C やっぱり、三つの問いを合わせたものかな。
C 「長い一日」とつないで考えた問いもいいね。

POINT 2
自分たちの言葉を評価させ、どの意見に納得できたかを話し合います。

5 学習のまとめ・振り返り

T 「問いの文」一つでもたくさんの「つながり」を考えることができることが分かりましたね。

「馬のおもちゃの作り方」

（光村図書 2年） 5／14時

［本時のねらい］最終段落の是非を問うことを通して、題名と文章のつながりや文章構成について考えることができる。

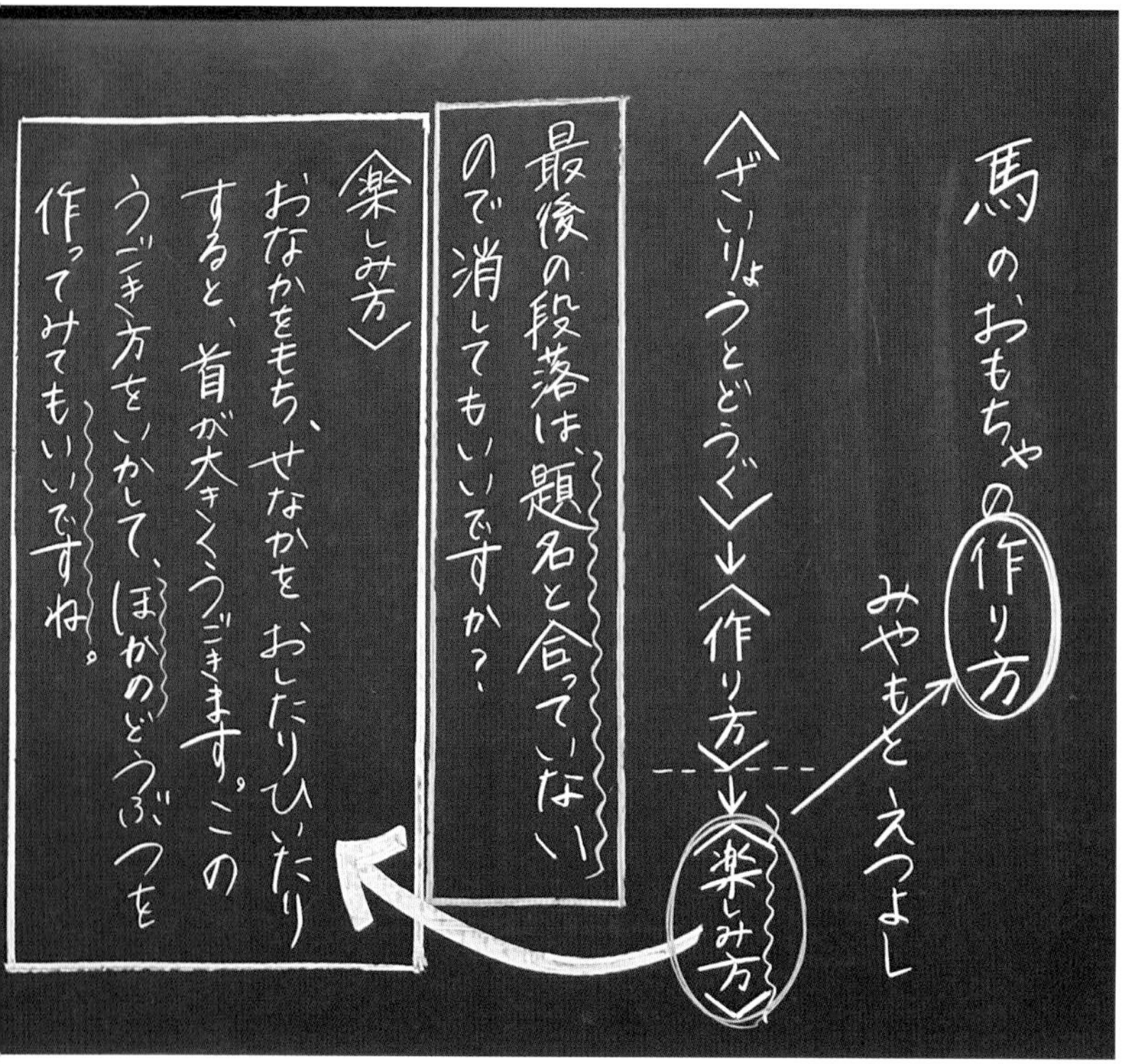

身に付けさせたい読みの力

●題名と文章のつながり ●文章構成

教材の特性

この説明文は、子どもたちの日常的な遊びと密接なつながりがあります。折り紙や工作、プラモデル等の遊びの際には、説明書を正しく読み取る必要があります。そして、本単元では最終的に「書き手」として、おもちゃの説明文を書く活動が設定されています。この「読み手」から「書き手」への転移には「分かりやすさ」を具体的に捉えなければいけません。

「分かりやすい」文章には、構造や構成、接続詞の扱い等、様々な要素が含まれます。低学年段階における理解を深めるための工夫を考えさせましょう。

対比型「馬のおもちゃの作り方」

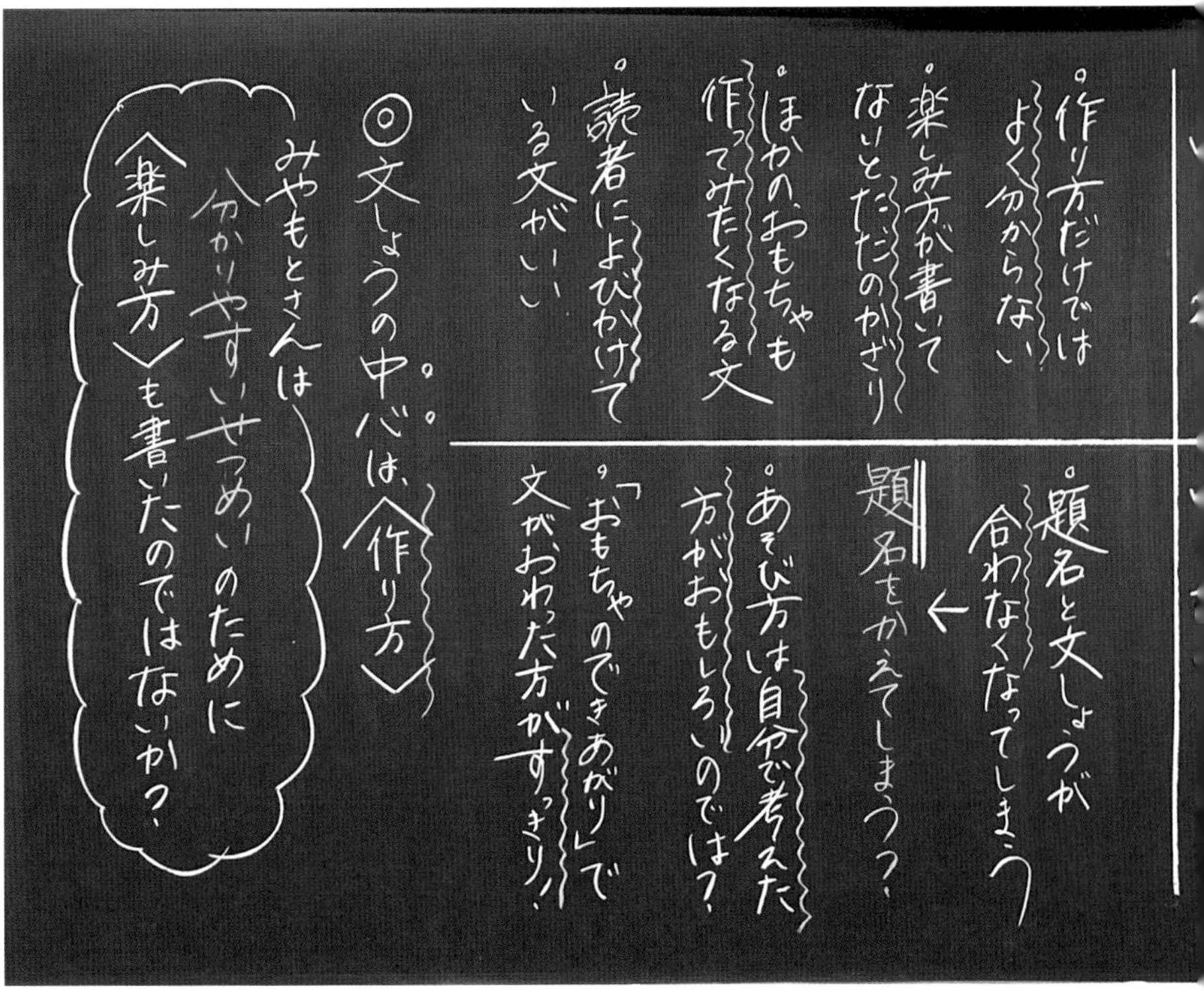

立体型板書のポイント

文章の構成を確認後、色チョークを使って題名とのつながりを可視化します。最終段落の〈楽しみ方〉の是非を対比型の板書で整理します。

〈楽しみ方〉の文章の役割について、二つの立場から意見を交流します。プラス面・マイナス面が一目で分かるように色チョークで線を引くとよいでしょう。マイナス面については解決策も考えると思考が深まります。

論理的思考力を育てるポイント

関連付け

導入部分で題名と文章構成のつながりについて問題意識をもたせます。題名には「作り方」という言葉がありますが、文章は「楽しみ方」まで記述されています。この是非を問いながら、本文と理由のつながりも意識して話し合いましょう。

板書プロセス図

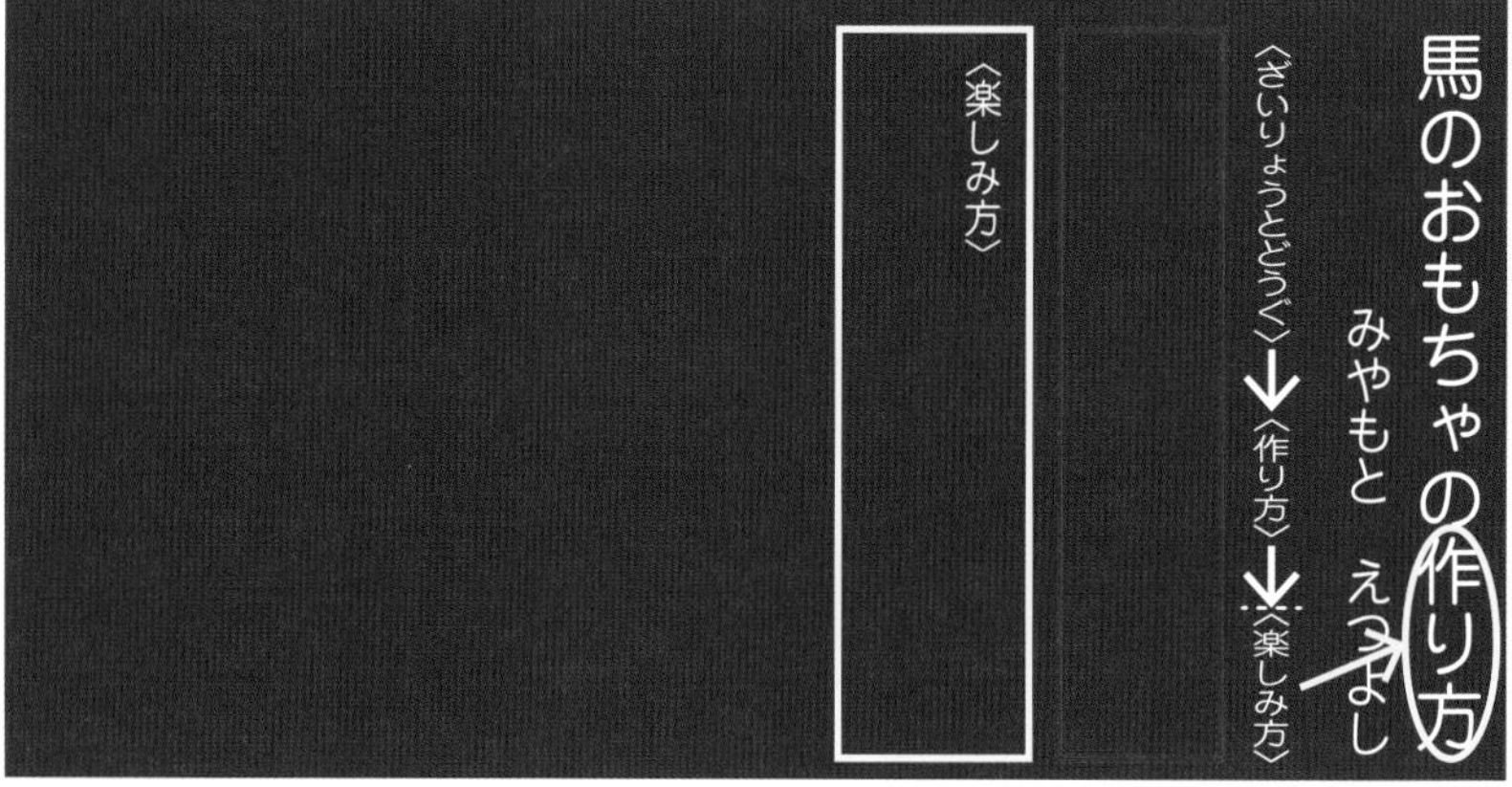

Check

1 問題意識の醸成

板書プロセス図参照

文章の構成を確認後、題名との整合性を考えます。

T この説明文はどのような流れで組み立てられていましたか？

C 大きく三つの部分から組み立てられています。

POINT 1

これまでの学習を振り返り、文章の構成を確認し、〈楽しみ方〉の部分に焦点化して話します。

2 学習課題の提示と個人思考

> 最後の段落は題名と合っていないので消してもいいですか？

C わたしは最後の段落は（　　　　）と思います。なぜなら、……からです。

3 考えの交流

C いると思います。他のおもちゃも作ってみたくなるからです。

C いると思います。〈楽しみ方〉がないとただの飾りになってしまうから。読者に呼びかけているのもいいです。

C いらないと思います。ない方が文章がすっきりするし、〈遊び方〉は自分で考えた方がおもしろいから。

POINT 1

この文章は、〈ざいりょうとどうぐ〉〈作り方〉〈楽しみ方〉の三つから構成されています。題名には「作り方」という言葉が表現されていますが、文章には完成後の「楽しみ方」まで述べられている点について論理的に考えるきっかけとなるように投げかけましょう。

POINT 2

「いらない」と考える立場の方がおそらく少数派になるでしょう。その立場の意見をしっかりと受け止めながらも、「なぜ筆者は、あえてこの文章を入れたのか」に迫ります。「読み手」と「書き手」の立場から考えさせると、今後の表現活動に活用できる説明文の知識が身に付きます。

題名とのつながりだけでなく、文章全体の構成にも注目させて、視野を広げましょう。

4 思考の深化

考えを深めるための補助発問

確かに「なくても文章が成り立つ」ことは分かりました。では、なぜ筆者のみやもとさんはこの文を入れたのでしょう。

C 文章の中心は〈作り方〉だよね。

C 「分かりやすい説明」のために、読者のことを考えて丁寧に書いてくれたんじゃないかな。

POINT 2

話合いにおける子どもたちの言葉を元にしながら、筆者の意図に迫りましょう。

5 学習のまとめ・振り返り

T 「あるもの」を「ない」と考えると、どうしてその文章を筆者が入れたのかについて考えられますね。

「おにごっこ」（光村図書 2年）

6／12時

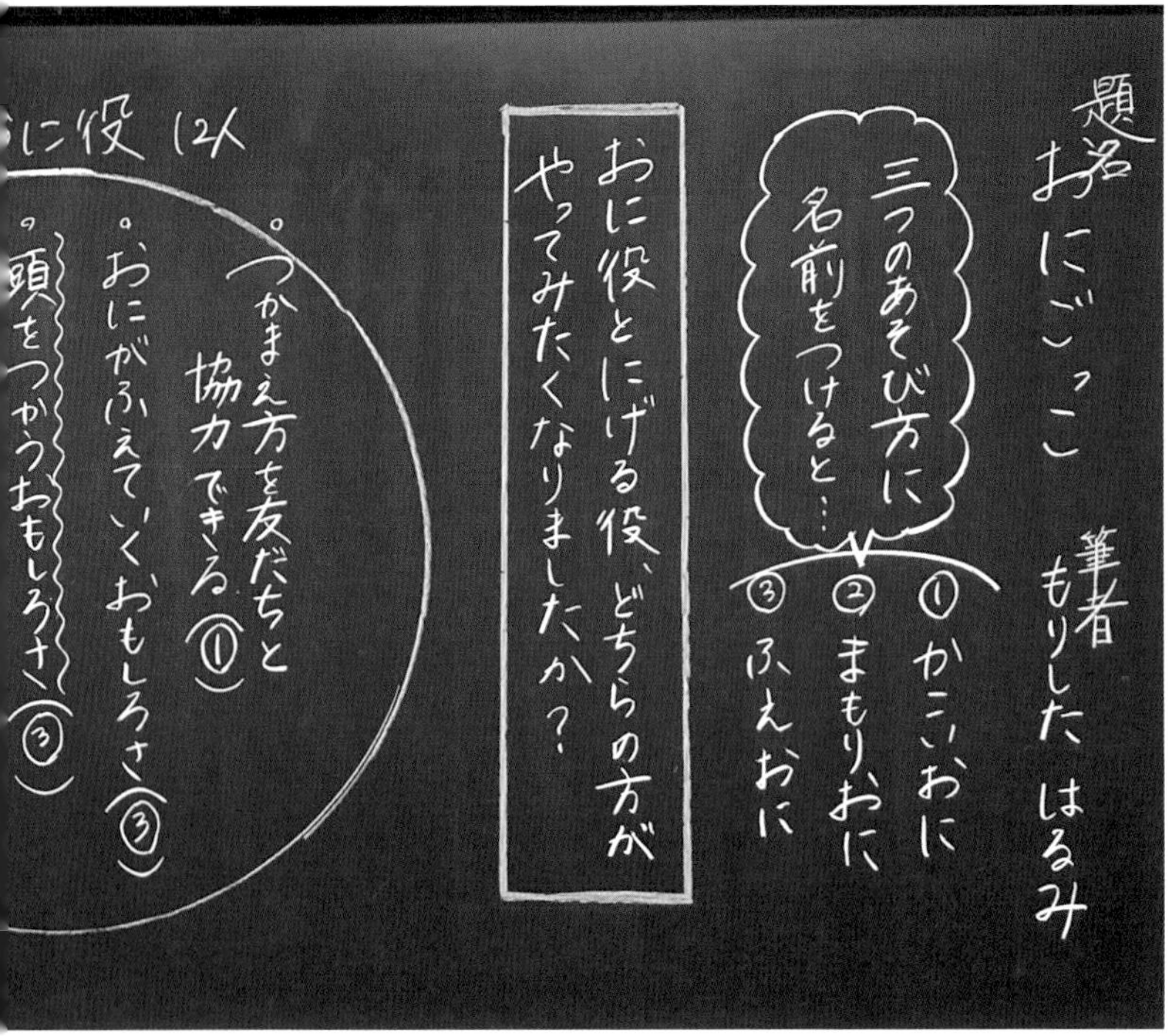
題名 おにごっこ
筆者 もりした はるみ
三つのあそび方に名前をつけると…
① かこいおに
② まもりおに
③ ふえおに
おに役とにげる役、どちらの方がやってみたくなりましたか？
。つかまえ方を友だちと協力できる①
。おにがふえていくおもしろさ③
。頭をつかうおもしろさ③
に役 12人

【本時のねらい】二つの役を比較することで、それぞれの特長を明らかにし、筆者の述べるまとめとのつながりを考えることができる。

身に付けさせたい読みの力

●内容のまとまり ●まとめ

教材の特性

子どもにとって身近な遊びである、おにごっこの楽しみ方が3種類紹介されています。三つ目の遊び方は、きまりを付け加えることで、より楽しく遊べる工夫についても述べられています。

筆者は遊びの特長を述べながら、「おに役」「にげる役」のそれぞれの立場に寄り添い、詳しく説明しています。子どもたちは、身近な題材であるからこそ、共感できる部分が多い教材でしょう。さらに、3種類のおにごっこをネーミングすることで抽象化の思考も育成できます。

ベン図型「おにごっこ」

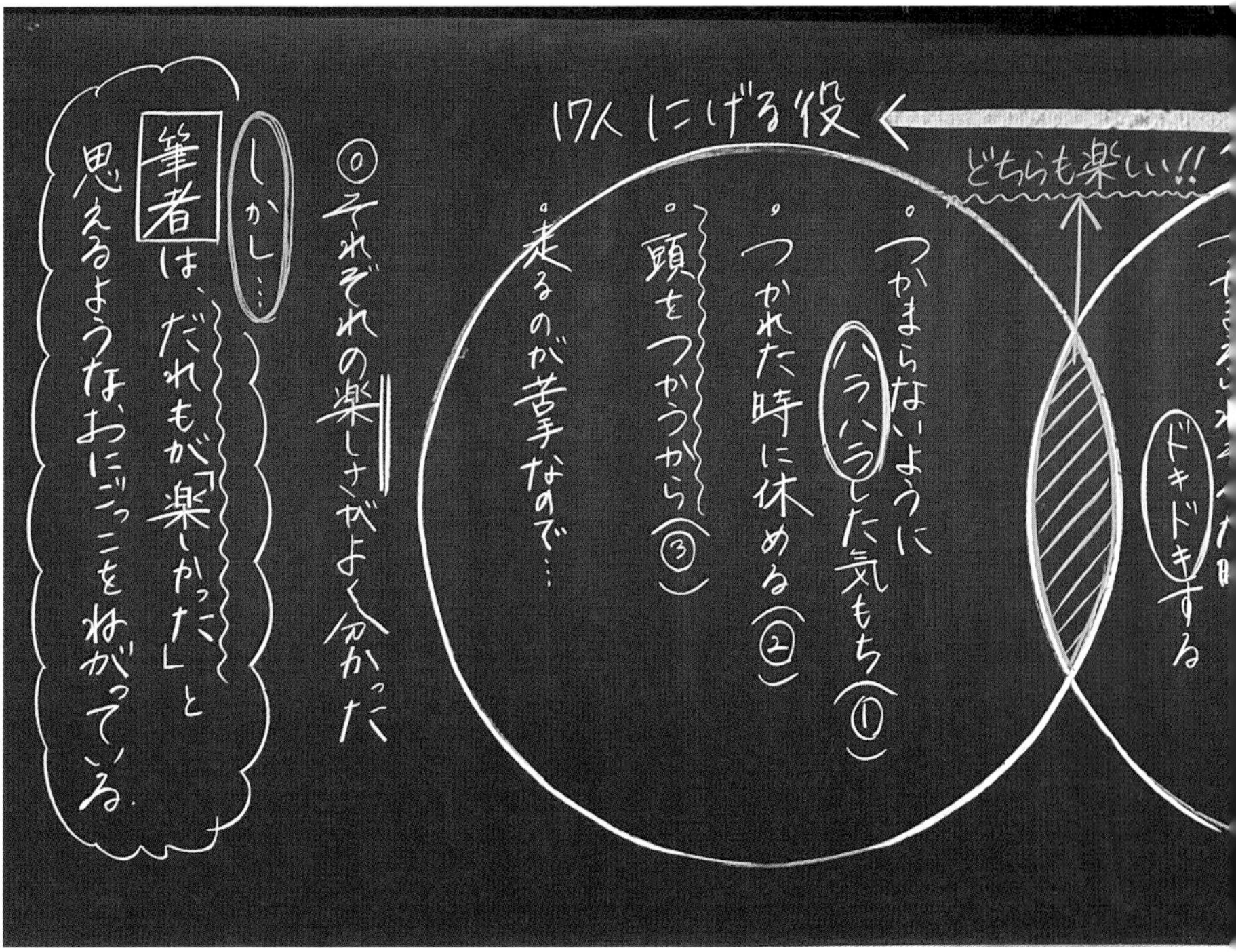

17人 にげる役
どちらも楽しい!!
つかまらないようにハラハラした気もち①
つかれた時に休める②
頭をつかうから③
走るのが苦手なので…
ドキドキする
◎それぞれの楽しさがよく分かった
しかし…
筆者は、だれもが「楽しかった」と思えるようなおにごっこをねがっている。

立体型板書のポイント

本時は、3種類の遊び方について丁寧に学習した後の授業ですので、全体を俯瞰した読みを期待します。総合的に考えた上で、「おに役」「にげる役」を比較しながら対比的にまとめます。

授業後半でベン図の枠を書き入れ、共通項を見出します。筆者は最終段落で「だれもが『楽しかった。』と思えるようなおにごっこ」を読者に伝えています。共通項の部分がまさにその筆者の思いと重なることを確認しましょう。

論理的思考力を育てるポイント

比較・分類

三つの遊び方を「おに役」「にげる役」の視点から比較します。視点を変えることで遊び方の捉え方も変わります。また、二つの役の共通項とまとめの関連性を意識させることも論理的思考力の育成につながります。

板書プロセス図

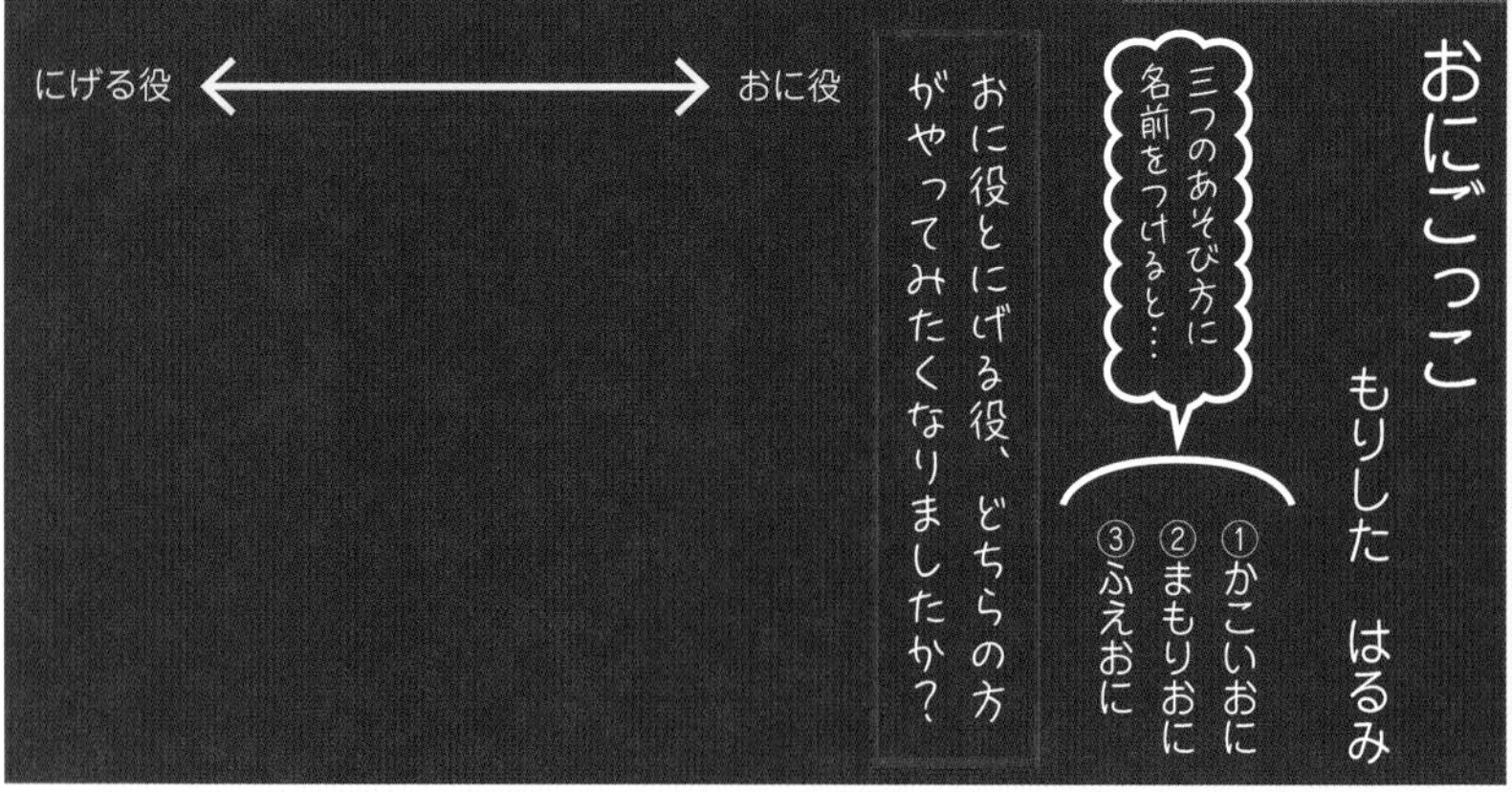
おにごっこ
もりした　はるみ
三つのあそび方に名前をつけると…
①かこいおに
②まもりおに
③ふえおに
おに役とにげる役、どちらの方がやってみたくなりましたか？
おに役
にげる役

Check

1 問題意識の醸成

板書プロセス図参照

これまでの学習した3種類のおにごっこを一言で表すとすればどうなるかを考えましょう。

C 一つ目は、「かこいおに」かな。二つ目が「まもりおに」で、三つ目が「ふえおに」って名前はどうかな？

POINT 1

学習してきた具体的内容を一言で表すことによって抽象化します。それぞれの特長を捉えさせましょう。

2 学習課題の提示と個人思考

> おに役とにげる役、どちらの方がやってみたくなりましたか？

C わたしは（　　　　　）の方がやってみたいです。なぜなら、……からです。

3 考えの交流

C おに役がいいです。頭を使って動くからおもしろい。

C にげる役がいいです。疲れた時には休めたり、捕まらないようににげるとハラハラするからです。

POINT 1

本時に至るまでに読み取ってきた3種類のおにごっこをネーミングすることで、思考を「具体→抽象」へと導きます。この言語活動は他の教材でも活用できます。この後の交流でも、一言にまとめるプロセスを経験することで円滑な言葉のやりとりを行うことができるようになります。

POINT 2

この文章における筆者のまとめは「みんなが楽しめるおにごっこ」を目指すことにあります。紹介された3種類のおにごっこの特長を捉え、二つの役のおもしろさは理解しながらも、最終的にはベン図の中央の重なった部分について筆者は伝えたかったことに気付かせましょう。

C　おにをやりたいな。友達を捕まえる時に友達と協力できて楽しいからです。

本時までの学びを含めそれぞれの立場の解釈を交流させます。考えを広げることを意識しましょう。

4 思考の深化

考えを深めるための補助発問

> みんなのそれぞれの役に対する思いが伝わってきました。でも……筆者の伝えたかったことは失敗ですね。

C　え？　どういうことですか？

C　あっ！　先生が描き込んだ線で真ん中に重なる部分がある。筆者は「だれもが」って言っているからか！

POINT 2

ベン図の枠を書き入れることで、それぞれの立場の考えをつなぎ、共通項に焦点化します。

5 学習のまとめ・振り返り

T　それぞれの役のおもしろさだけでなく、筆者が読者に伝えたかったことも捉えることができましたね。

「こまを楽しむ」（光村図書 3年） 6／8時

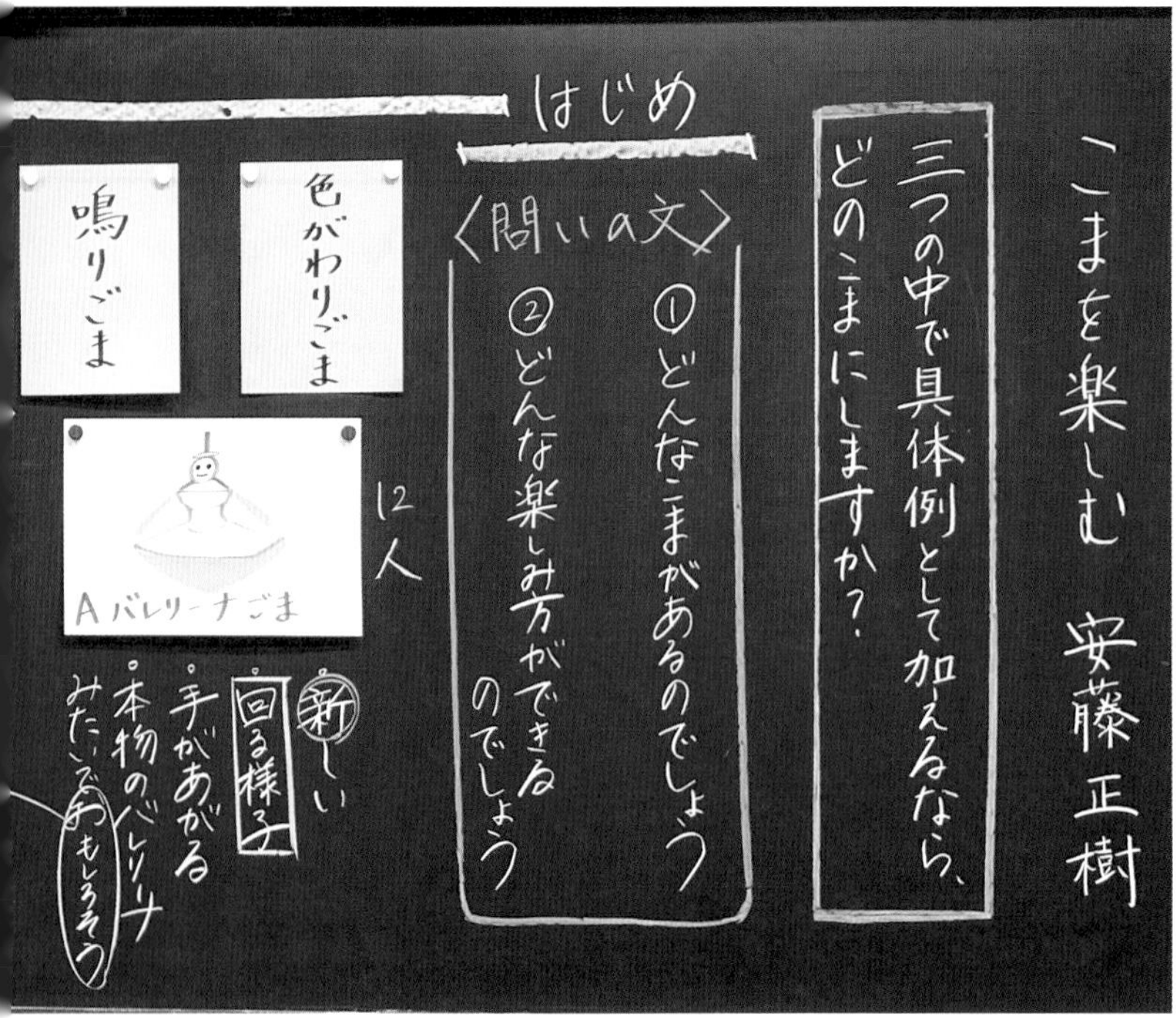
こまを楽しむ　安藤正樹
三つの中で具体例として加えるなら、どのこまにしますか？
はじめ
〈問いの文〉
①どんなこまがあるのでしょう
②どんな楽しみ方ができるのでしょう
12人
色がわりごま
鳴りごま
Aバレリーナごま
新しい
回る様子
手があがる
本物のバレリーナみたいでおもしろそう

【本時のねらい】新しい事例を付け加えることを通して、「事柄の順序」について考えることができる。

身に付けさせたい読みの力

●事柄の順序

教材の特性

プレ教材を通して、「文章構造」や「問いと答えの関係」「筆者の主張と事例の関係」等を学んだ上での文章です。様々なこまを紹介し、その楽しみ方を伝える事例列挙型の説明文です。

「事例の順序」に着目することで学びを深めることができます。六つの事例は、最初が「回る様子」、後半が「回し方」に注目した配列になっていて、全体は「身近なこま」から順に並べられていると考えられます。事例の順序が筆者の主張にどのように関係するのかを丁寧に捉えさせましょう。

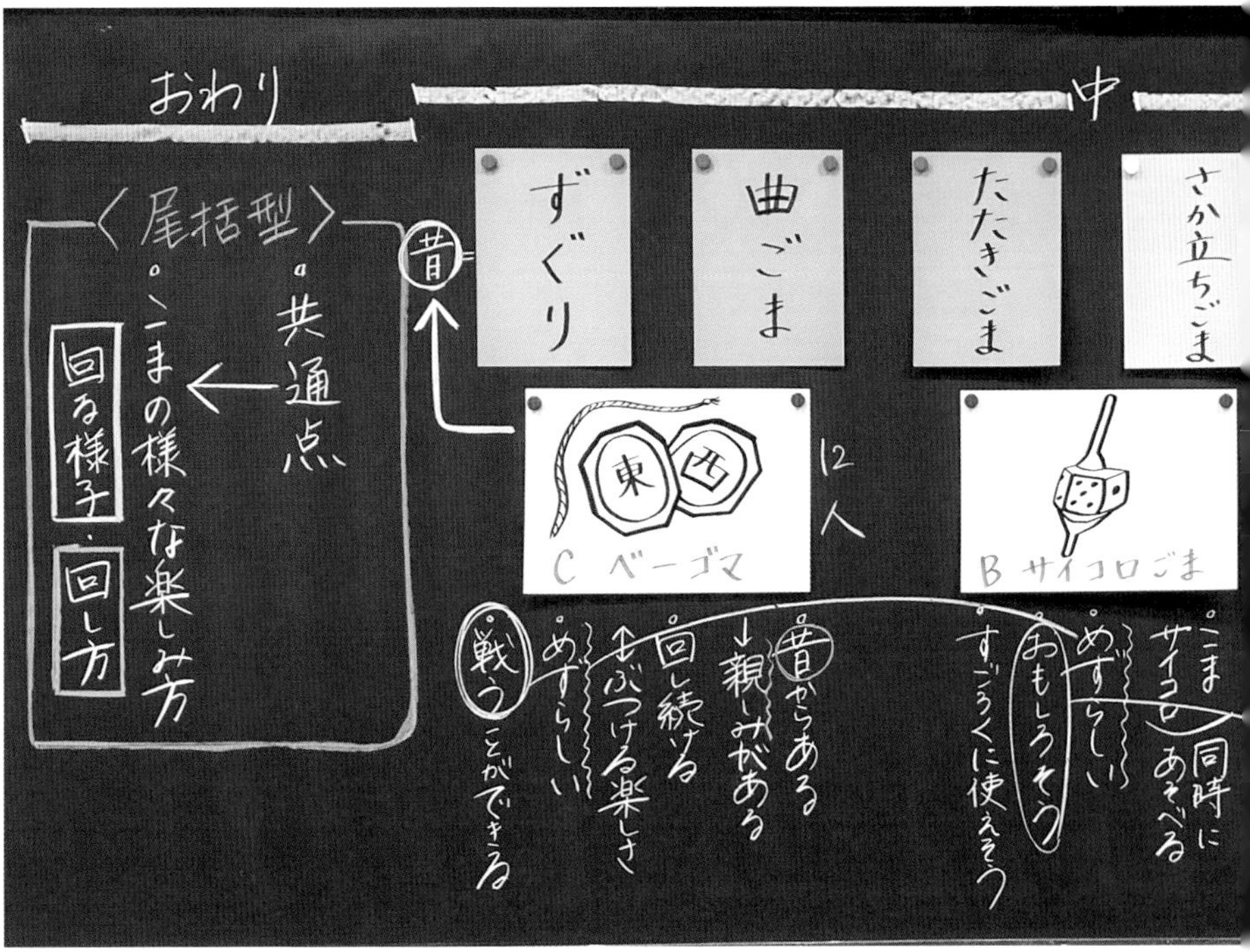
おわり
中
〈尾括型〉
共通点
こまの様々な楽しみ方
回る様子
回し方
昔
ずぐり
曲ごま
たたきごま
さか立ちごま
東
西
C ベーゴマ
12人
B サイコロごま
戦うことができる
めずらしい
ぶつける楽しさ
回し続ける
親しみがある
昔からある
すごろくに使えそう
おもしろそう
めずらしい
こまサイコロ
同時にあそべる

立体型板書のポイント

新たに加える三つの事例は、イラスト（写真）で用意し、自由に動かしつつ順序を検討できるようにします。

元からある六つの事例に新たに加える理由、そしてどこに配置するかという順序の理由。この二つの理由の説得力を強固なものにするためには、実際にイラストを移動させ、具体的に前後の関係性をイメージさせることが有効です。

論理的思考力を育てるポイント

関連付け

本時までに事例について「遊んでみたい順」「工夫されている順」等、様々な観点から比較を行い、視野を広げます。それらの情報と今回扱う新たな事例を関連付けることで、学びをさらに深めます。事例の特長を比べながら「事柄の順序」を考えさせましょう。

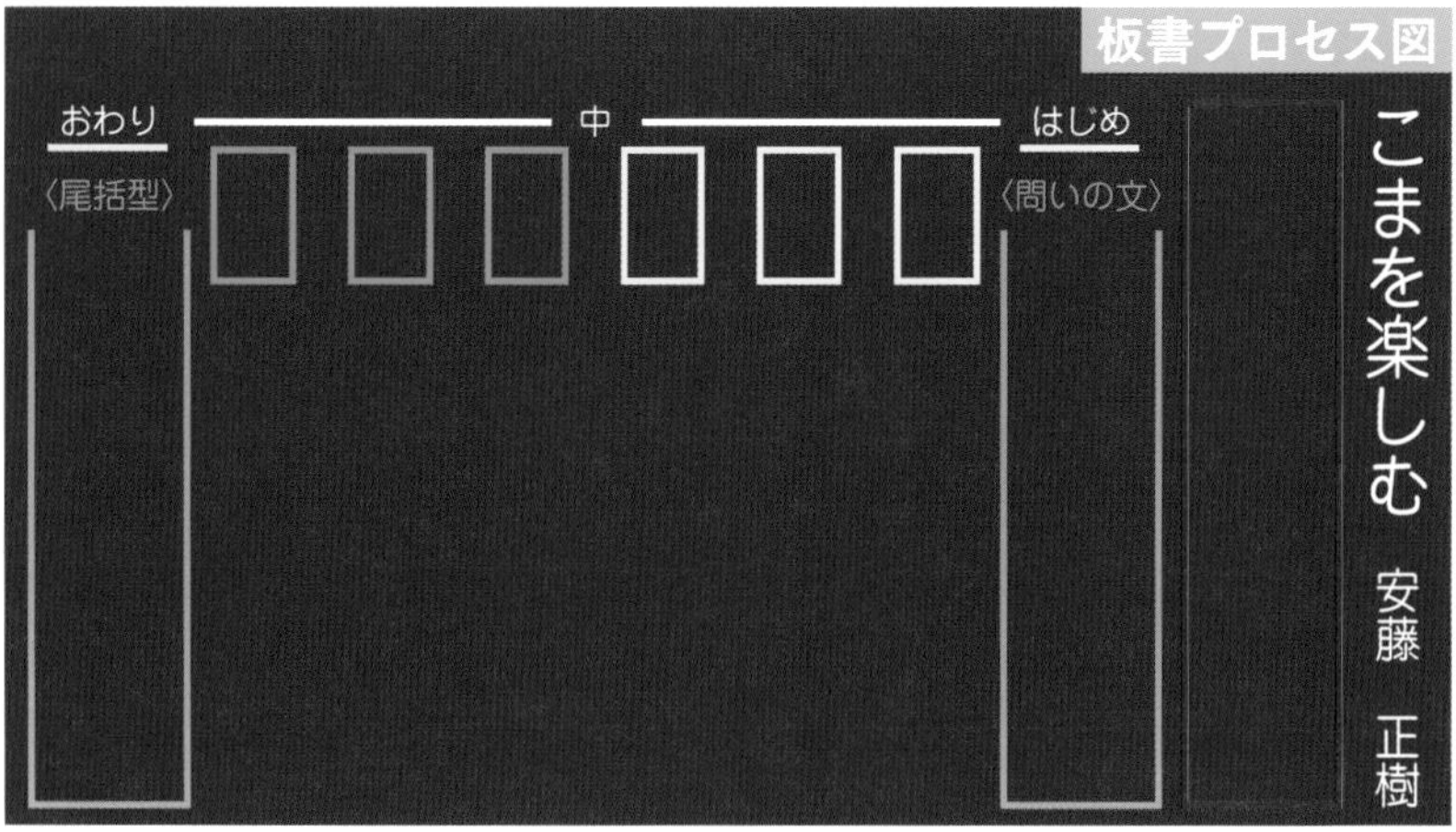
板書プロセス図
こまを楽しむ
安藤　正樹
はじめ
〈問いの文〉
中
おわり
〈尾括型〉

Check

1 問題意識の醸成

板書プロセス図参照

事例の順序について確認した後、構造を整理します。

T　これらの六つの事例はどのような順序で紹介されていましたか？

C　最初は「色がわりごま」で、次が「鳴りごま」で……。

POINT 1　クイズ形式で既習内容を確認し、全員が楽しく学習に参加できる土台を整えましょう。

2 学習課題の提示と個人思考

> 三つの中で具体例として加えるなら、どのこまにしますか？

C　わたしは（　　　）にします。なぜなら、……からです。

3 考えの交流

C　ベーゴマにします。昔からあって親しみもあるし、戦って楽しむところがおもしろいからです。

C　バレリーナごまです。回る様子がおもしろそうだから。

C　サイコロごまです。初めて聞いて珍しいと思ったし、こまとサイコロを同時に遊べるところがおもしろい。

POINT 1

六つの事例の順序を確認するとともに、カードの色を2種類に分け、「回る様子」「回し方」という二つの楽しみ方で文章が構成されていることを確認しましょう。文章構造を捉えることは、説明文全体を視野に入れた俯瞰的な読み方を子どもたちに身に付けさせることにつながります。

POINT 2

考えの交流を通して広げた視点を「事柄の順序」という観点から整理します。それぞれのこまのよさは理解できたものの、文章全体のバランスや事例を入れる場所については「本当にこの説明文に適しているのか」検討します。序盤で確認した二つの楽しみ方に思考を戻しましょう。

事例を加える場所の理由を述べることが難しい場合は、事例に加えたいものを選択した理由だけでもよいでしょう。実態に合わせて活動を変化させましょう。

4 思考の深化

考えを深めるための補助発問

それぞれのよさがとても伝わってきました。どのこまも素晴らしいので、三つとも加えていいですよね？

C 全部入れると、事例が多すぎて逆に難しいかも。

C 「回る様子」と「回し方」のどっちに加えたらいいのかを悩んでしまうこまもあるからなあ……。

POINT 2

あえて「全部加える」という極端な例を出し、思考にゆさぶりをかけましょう。

5 学習のまとめ・振り返り

T 新たな事例を付け加える活動を通して、「事柄の順序」について考えを深めることができましたね。

「すがたをかえる大豆」（光村図書 3年）

1／15時

【本時のねらい】既習内容を活用しながら文章を予想する活動を通して、論理的に文章を考えることができる。

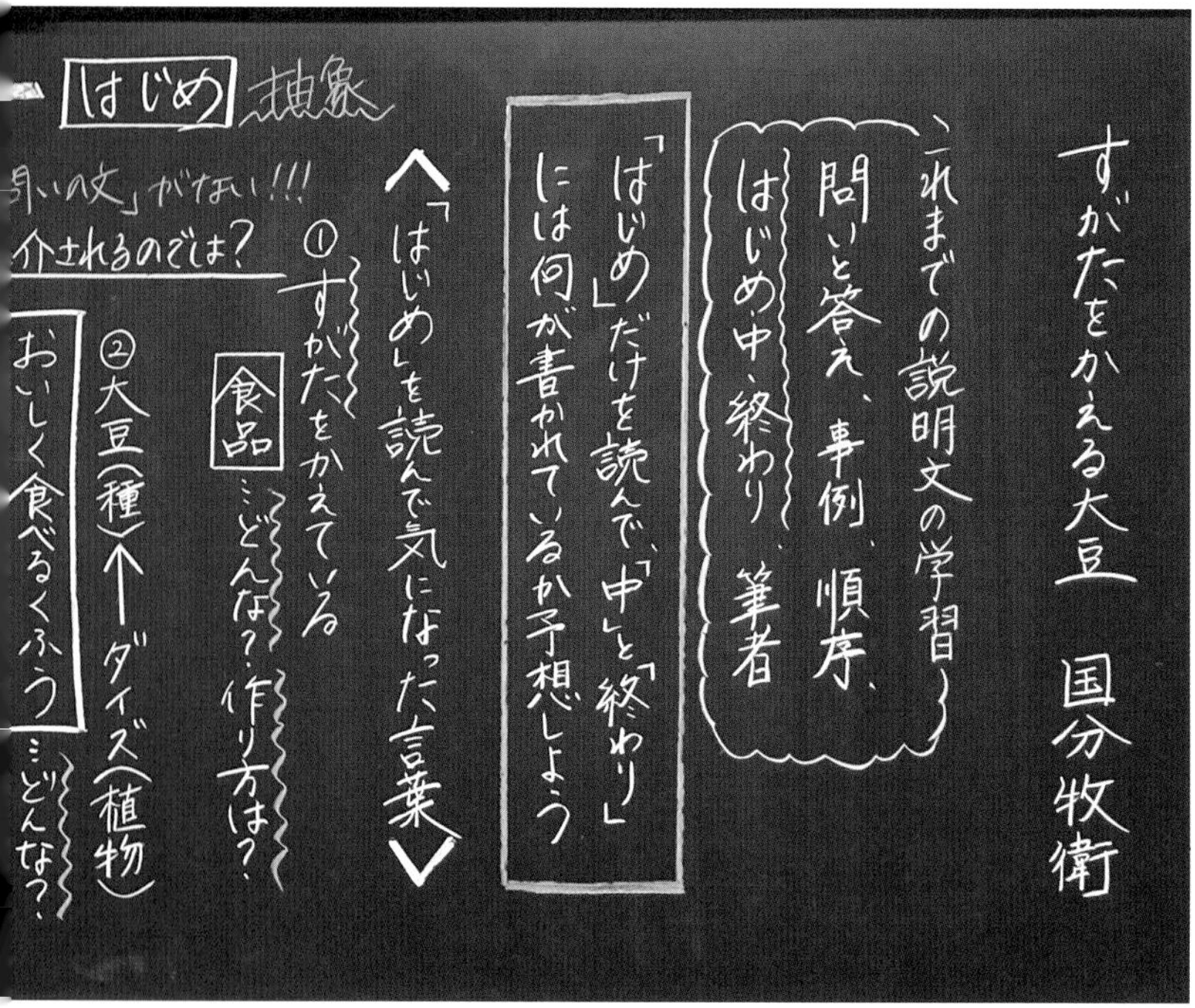

身に付けさせたい読みの力

●論理的なつながり　●文章構造

教材の特性

これまでに学習した「じどう車くらべ」や「こまを楽しむ」と同様に事例列挙型の説明文です。

基本となる文章構造を学んでいるという前提で授業を考えれば、「はじめ」に書かれている言葉をつなげていくことで文章は成り立っていくことを子どもたちは知っています。

本教材でも、話題提示の二つの段落から次につながる言葉を見つけることで、「話題提示→事例→主張」という流れを予想できます。大豆食品についても既有知識を引き出すことで「事例の予想」ができるはずです。

構造埋め込み型「すがたをかえる大豆」

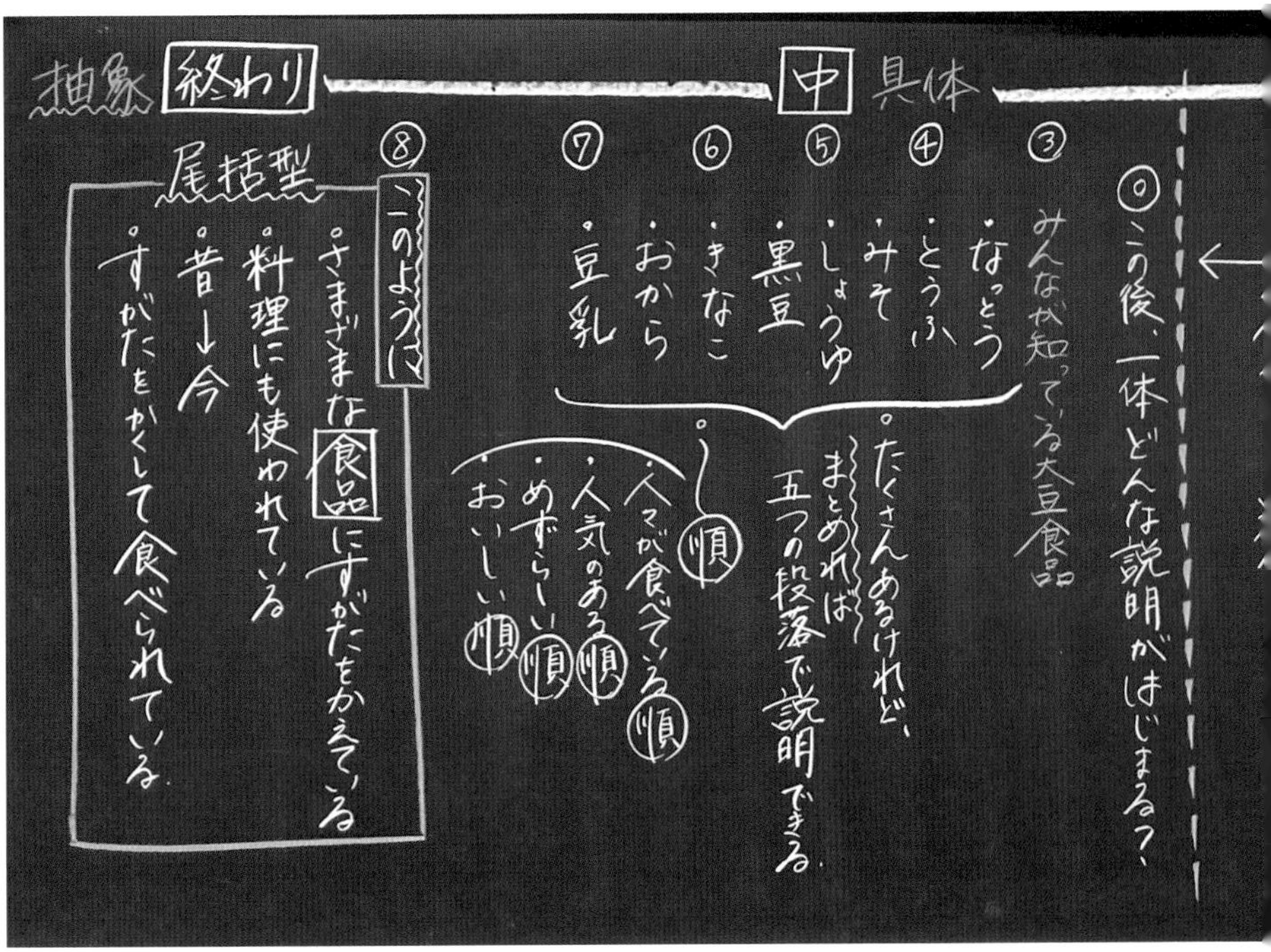

立体型板書のポイント

これまでの説明文では「はじめ―中―終わり」という基本的な文章構造を学んでおり、言葉のつながりを意識した読み方が身に付いてきている段階です。

「はじめ」に書かれている言葉の一つひとつに注目することで、「中」や「終わり」の部分を論理的に考えさせます。板書ではその「論理のつながり」を可視化できるように意識しましょう。

論理的思考力を育てるポイント

類推

これまでの説明文の学習における知識や経験を活用することで、文章の「はじめ」から続きを類推させましょう。既習の「問いと答え」「主張と事例」「抽象と具体」等の知識から内容を予想することで文章への関心が高めましょう。

板書プロセス図

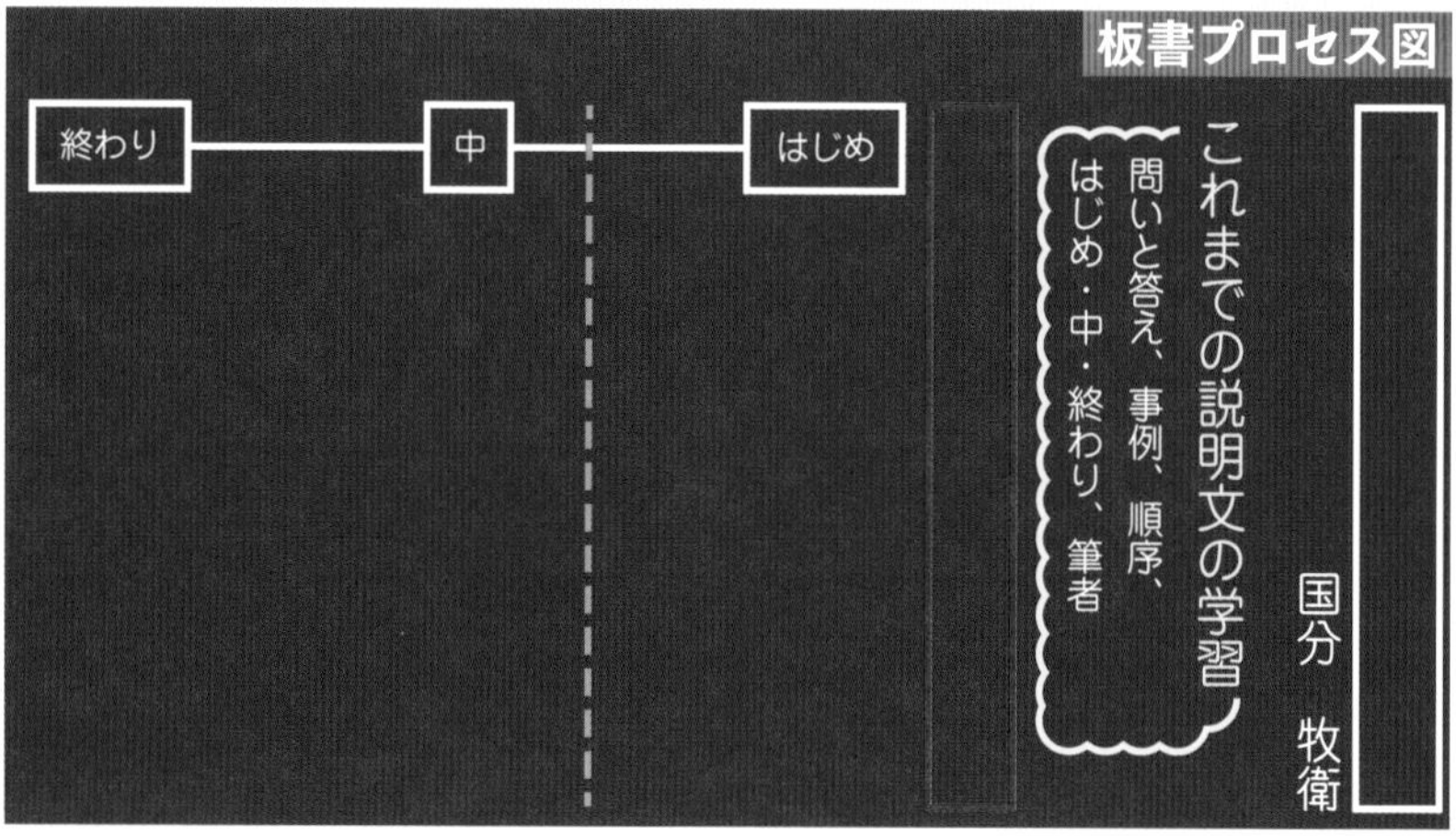

Check

1 問題意識の醸成

板書プロセス図参照

これまでの説明文で学習した内容を確認します。子どもたちの実態に合わせて、学習用語は発表させるのではなく、短冊で用意してもよいでしょう。

C 「問いと答え」「事例」「順序」を学びました。

説明文の既習内容を確認することで、学習の構えをつくりましょう。学習用語の意味も簡単に確認します。

2 学習課題の提示と個人思考

> 「はじめ」だけを読んで、「中」と「終わり」には何が書かれているか予想しよう。

C わたしは（　　　）ということが書かれていると思います。なぜなら、……からです。

3 考えの交流

C いろいろな大豆食品が紹介されるはずだよね。

C 「おいしく食べるくふう」って書いてあるから、いくつかのくふうが説明されるんじゃないかな。

POINT 1

「はじめ」に書かれている大豆食品やダイズと大豆の違いについてつながりを想像することができます。筆者がどのような事例を出して、「終わり」で主張をするのかについても考えてみましょう。また、既習事項である「問いの文」がこの説明文にはないことも確認できます。

POINT 2

板書を用いて文章の構造を可視化した後、「何が分からない部分なのか」を明確にします。この意識を高めることで、この後の初読の際、注目する部分をはっきりさせることができます。「読みの観点」を明確にすることは、文章を読むことの必然性につながります。

C 「大豆」と「ダイズ」の違いについてももっと詳しく説明されると思うな。

POINT 1

「はじめ」に書かれている、どの言葉に注目して予想したのかを述べさせましょう。

4 思考の深化

考えを深めるための補助発問

説明文の内容を知るためにどんな情報を他に知りたいですか？ 質問を考えてみましょう。

C どんな題名なのかを知りたいな。

C 「中」に紹介される事例は予想したものと一緒なのかな。「筆者の主張」は何なんだろう？

POINT 2

説明文の内容を予想したことで、文章への関心が高まります。明らかにしたいことを明確にしましょう。

5 学習のまとめ・振り返り

T 「はじめ」を読んだだけでも、つながりを意識することで文章を予想することができましたね。

「ありの行列」

（光村図書 3年）

4／7時

［本時のねらい］文章の構造を理解することを通して、実験観察型の文章の流れについて考えを深めることができる。

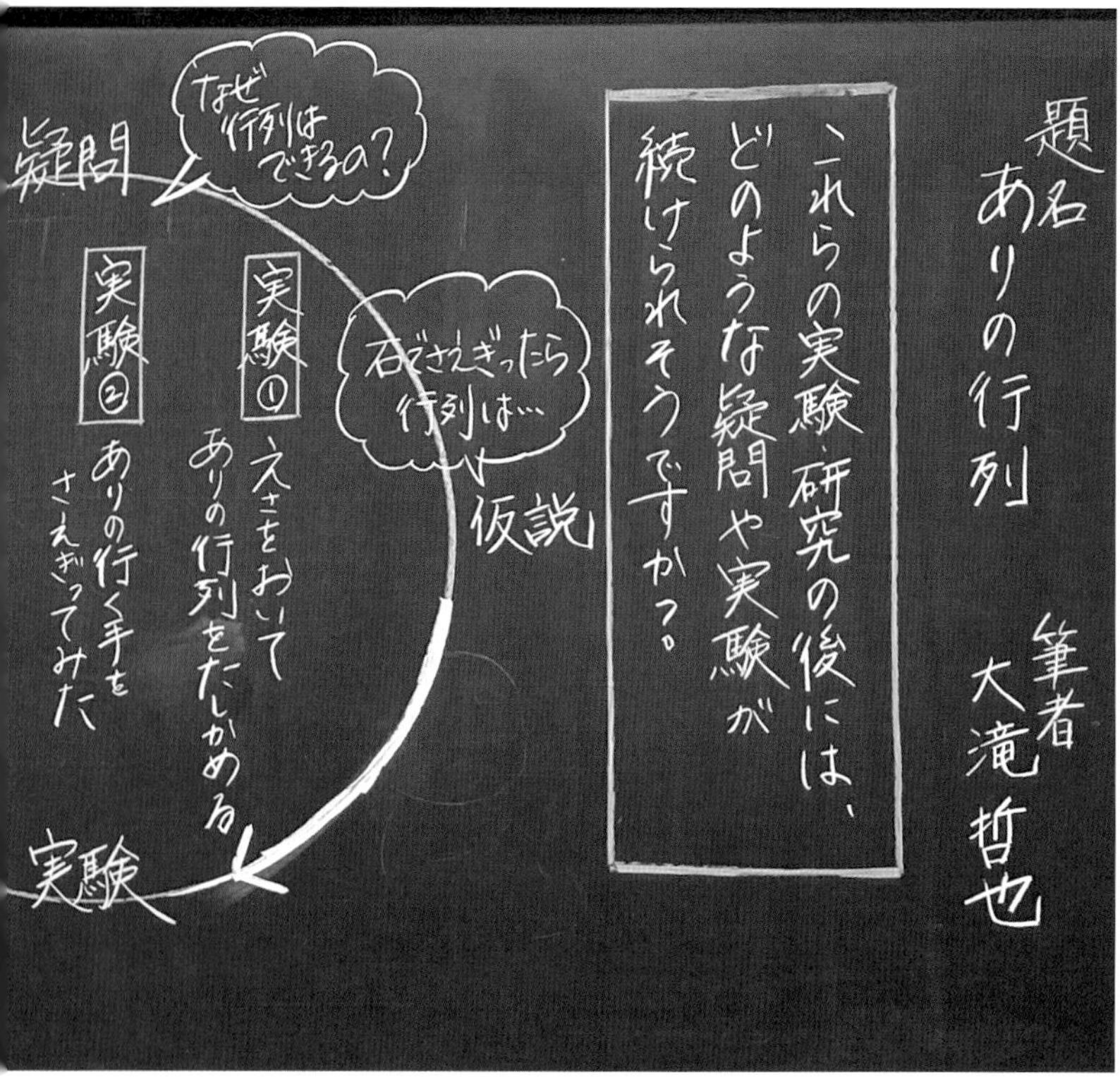
題名
ありの行列
筆者
大滝哲也
これらの実験・研究の後には、どのような疑問や実験が続けられそうですか。
疑問
なぜ行列はできるの？
石でさえぎったら行列は…
仮説
実験①
えさをおいてありの行列をたしかめる
実験②
ありの行く手をさえぎってみた
実験

身に付けさせたい読みの力

●文章構造　●内容のつながり

教材の特性

筆者はありの行列の仕組みに関するウィルソンの実験・研究について時間的順序を追って説明しています。また、ありの行列に関する「疑問」を解決するために「実験」を行い、その結果が次の「疑問」や「実験」につながる流れで文章は構成されています。

まず、循環型の構造を捉えることで、教科書で紹介されている文章の先にある実験や研究について論理的に思考することができます。文章のどの部分から論理を働かせたのかを明確にして話し合いましょう。

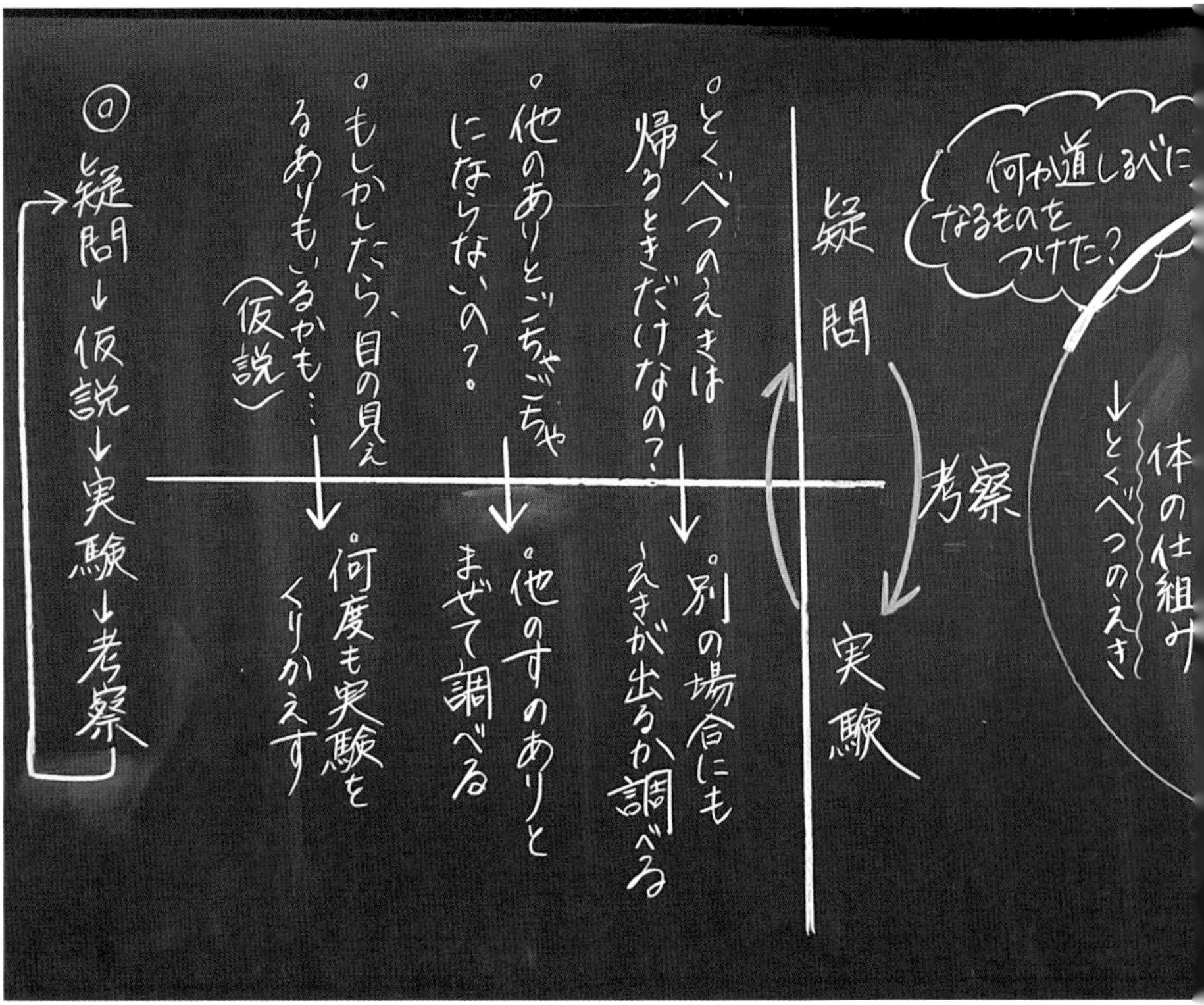
何か道しるべになるものをつけた？
体の仕組み
↓とくべつのえき
疑問
考察
実験
○とくべつのえきは帰るときだけなの？
○別の場合にもえきが出るか調べる
○他のありとごちゃごちゃにならないの？
○他のすのありとまぜて調べる
○もしかしたら目の見えるありもいるかも…
（仮説）
○何度も実験をくりかえす
②
疑問↓仮説↓実験↓考察

立体型板書のポイント

文章の中に書かれている「疑問→実験」の基本的な流れを上下に配置し、左右に「仮説」「考察」の項目を置きます。二つの実験と一つの研究について循環する形でそのつながりを可視化しましょう。

本時においては、板書の構造を理解し、この研究の先にどのような「疑問・仮説・実験・考察」の流れが生まれるのかを考えましょう。

論理的思考力を育てるポイント

関連付け

実験観察型の説明文では、基本的な文章の流れが「疑問・仮説・実験・考察」になっています。この四つのつながりを意識しながら文章を読む力が必要になります。本教材の場合は、この関連付けを読み取りながらも、類推する力まで育てます。

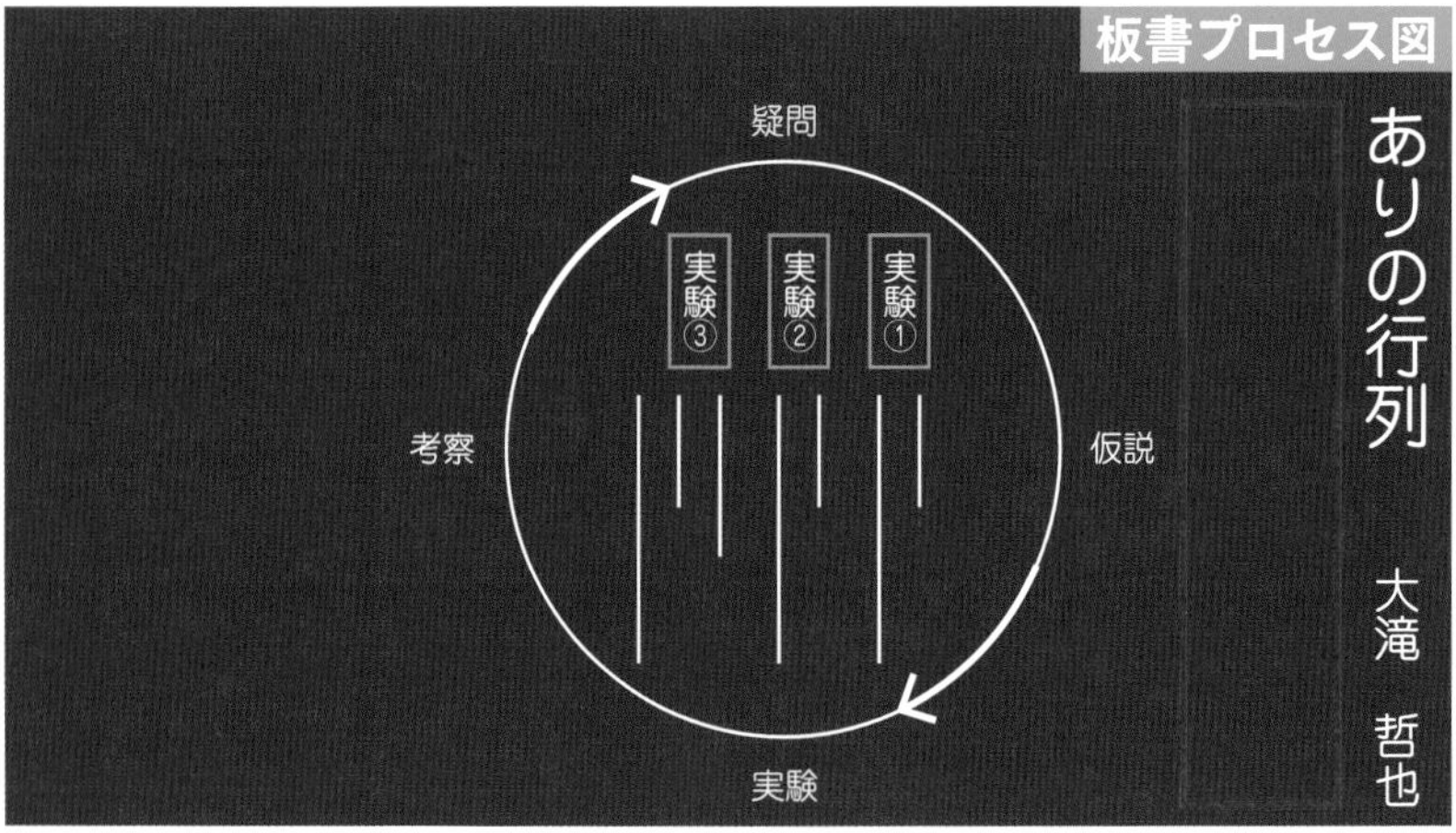

Check 1 問題意識の醸成

板書プロセス図参照

文章に書かれているウィルソンの実験の流れを確認し、これまでの学習を板書に整理しましょう。

T ありの行列ができる仕組みはどんな流れでしたか？

C 砂糖や石を置いた実験やありの体の仕組みを研究していました。

POINT 1

子どもたちの発言から、「疑問→実験」の流れを捉え、論理的なつながりを可視化します。

2 学習課題の提示と個人思考

> これらの実験・研究の後には、どのような疑問や実験が続けられそうですか？

C わたしは（　　　　）となると思います。なぜなら、……からです。

3 考えの交流

C 特別な液の匂いはみんな同じ？　違う巣のありたちと出会って混ざってしまったら分からなくならないのかな？

C もしかしたら、目の見えるありもいるかもよ！　繰り返し実

POINT 1

文章の基本的な構造を視覚的に捉えられるように循環型の板書を用いて整理します。「疑問」「実験」の内容だけでなく、「仮説」「考察」についての発言があれば書き込むことも可能です。教材全体の構造を理解することが次の課題に対する思考を深めるヒントになります。

POINT 2

考えの交流では、まずは「疑問」を中心にどんどん発表させ、板書に整理します。思考の深化の際に、その解決策となる実験や考察、そしてその先にある仮説について思考をつなぎましょう。

このように、それぞれがつながり合って文章は組み立てられていることを実感させます。

験したら分かるかな？

新たに疑問を出し合ったり、そのための実験を考えたりすることで思考を広げましょう。

4 思考の深化

考えを深めるための補助発問

みんなの疑問を解決するために、実験を試すとどのようにつながっていきそうですか？

C 特別な液がどんな時にどのように出るのかが分かると、ありが使い分けて過ごしていることが分かるね。

C もし、他のありと仲間の匂いを嗅ぎ分けることができるんだったら、何種類くらい嗅ぎ分けられるのかな。

POINT 2

「疑問」と「実験」のつながりを意識することで、この二つをつなぐ「仮説」や「考察」を考えます。

5 学習のまとめ・振り返り

T つながりを意識して読むと文章の構造がよく分かりますね。他の説明文でもつながりを大切にして読んでみましょう。

「思いやりのデザイン」

（光村図書4年）　2／8時

【本時のねらい】二つの案内図を比較することを通して、「思いやりのデザイン」への理解を深めることができる。

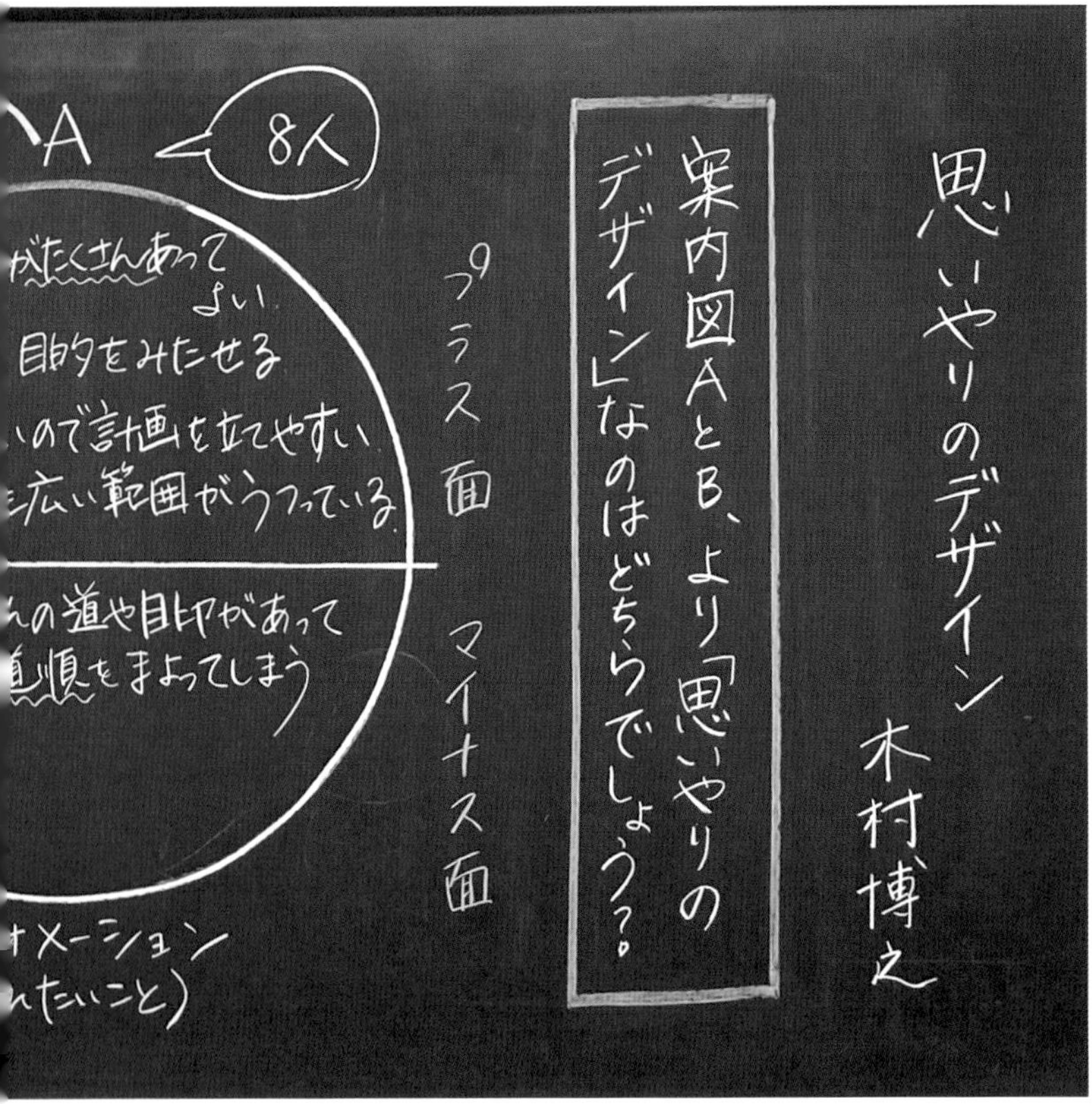

身に付けさせたい読みの力

●事例の比較　●題名と事例の関係

教材の特性

二つの案内図の比較を通して、インフォグラフィックスに込められた「思いやりのデザイン」の大切さを伝えている文章です。

事例として提示される二つの案内図はそれぞれに特徴があり、どちらも相手を意識してデザインすることが大切であることを示しています。事例を対比させることで、それぞれの特徴がより実感しやすくなることをこの文章から学ぶことができます。

また、双括型の文章は、筆者の主張をより強調することにも気付かせましょう。

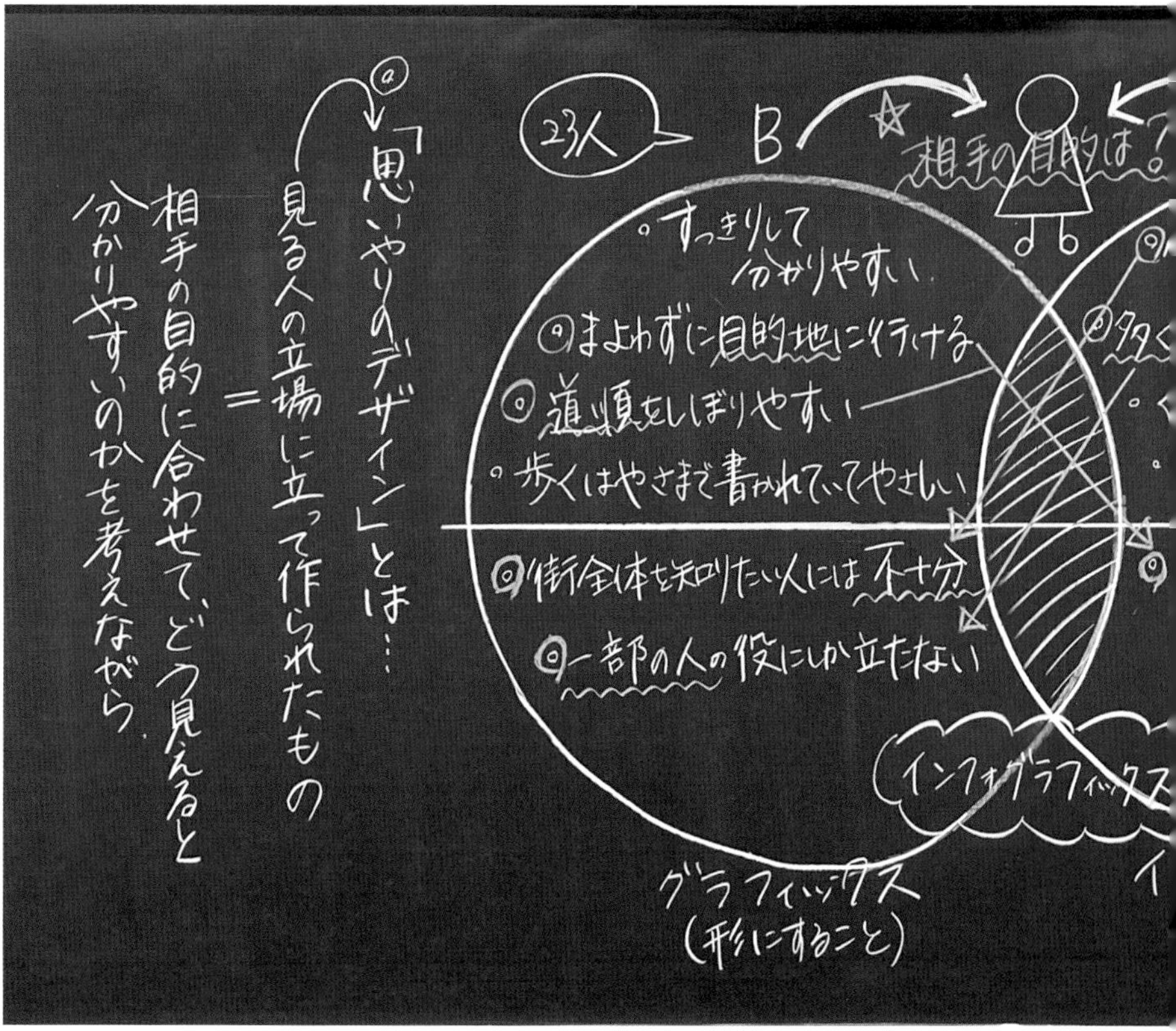

立体型板書のポイント

それぞれの案内図から題名の「思いやりのデザイン」につながる部分を整理します。板書の左右では案内図を比較し、上下ではプラス面・マイナス面を比較できるように組み立てます。

二つの円が重なり合う真ん中の部分は、どちらも相手の目的に合わせることで「思いやりのデザイン」となることを示しています。

論理的思考力を育てるポイント

比較・分類

題名と事例の関係性を捉え、筆者の主張への理解を深めましょう。そのためにも、まずは二つの案内図を比較します。比較する中で、それぞれのプラス面・マイナス面が明らかになります。また、それぞれのプラス面がもう一方のマイナス面とつながる関係性も大切です。

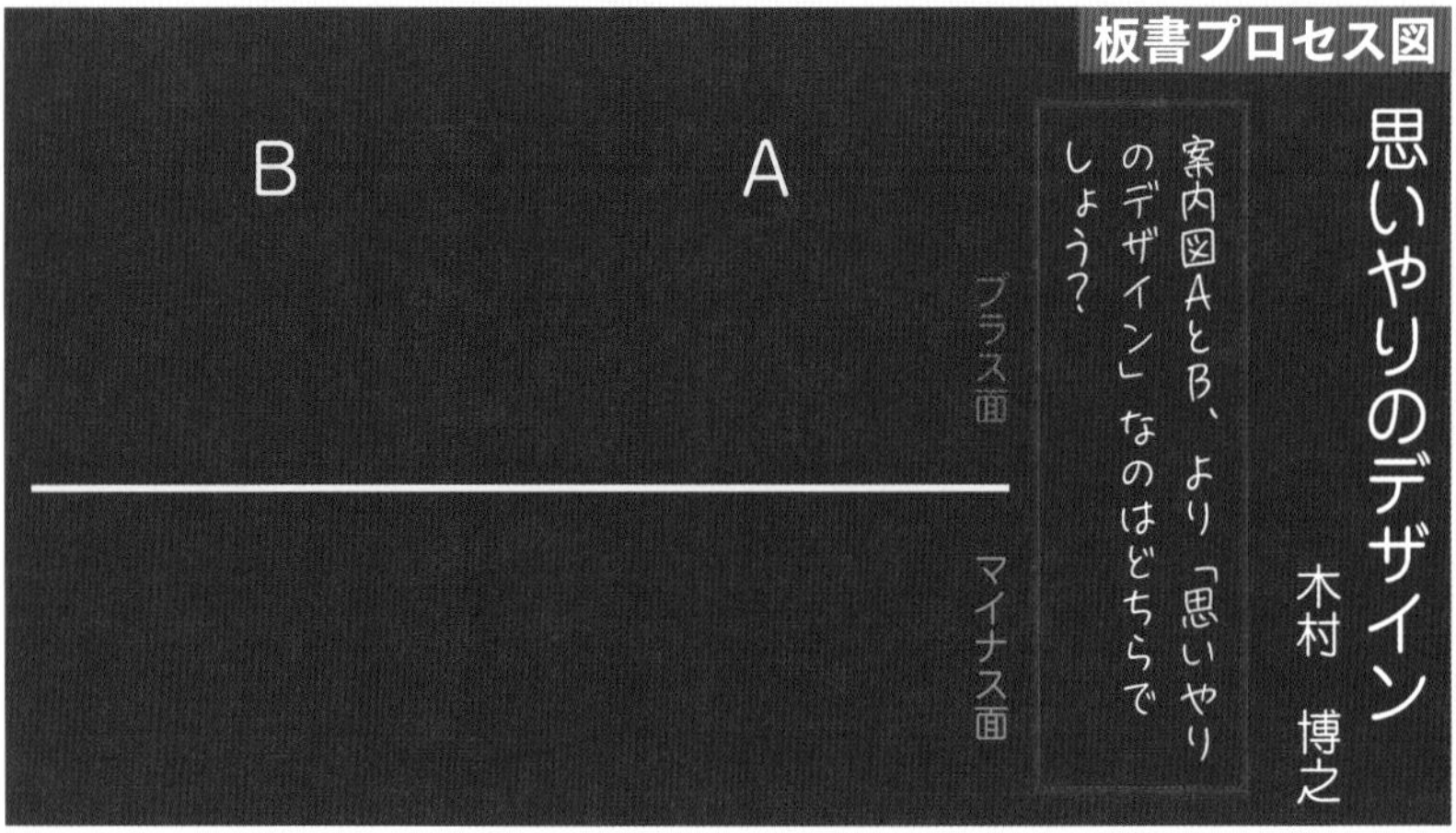

1 問題意識の醸成

身近な生活と結び付けて、考えを共有しましょう。

T みんなの身の回りで「思いやり」を感じるインフォグラフィックスってありますか?

C 道路標識とか、SDGsのアイコンもそうだよね。

POINT 1 身の回りにあるインフォグラフィックスから「思いやり」を感じた経験を引き出しましょう。

2 学習課題の提示と個人思考

> 案内図AとB、より「思いやりのデザイン」なのは、どちらでしょう?

C わたしは(　　　)の方だと思います。なぜなら、……からです。

Check 3 考えの交流

板書プロセス図参照

C Aだと思います。情報がたくさんあるからです。

C Bだと思います。すっきりして分かりやすいので、迷わずに目的地に行けると思います。

POINT 1

前時でも共有した身の回りにあるインフォグラフィックスを確認し、「どんな部分に思いやりを感じるか」を簡単に話し合います。板書には特に記載せず、口頭での交流でよいでしょう。ここでの話題を学習課題で扱う二つの案内図の「思いやり」につなげましょう。

POINT 2

二つの案内図のプラス面・マイナス面を対比する形で整理できたところで、ベン図を描き込みます。真ん中の共通する部分を考えることが大切という筆者の考えを捉えましょう。また、インフォグラフィックスもベン図を使って表わせることにも気付かせましょう。

C　私もBです。歩く速さまで書かれているから。

二つの事例を比較しながら、「思いやりのデザイン」につながるプラス面をマイナス面を整理しましょう。

4 思考の深化

考えを深めるための補助発問

> 先生の描き込んだベン図を見てください。真ん中の重なった部分が何か分かりますか？

C　どちらも……相手のことを考えてるってことかな。

C　インフォグラフィックスもインフォメーションとグラフィックスが合わさってできてベン図みたいだね。

POINT 2

ベン図の特長を生かしながら、「思いやりのデザイン」とは相手の立場に立って作られたものであることを確認します。

5 学習のまとめ・振り返り

T　筆者の伝えようとしていることが、事例を対比させることで、よりはっきりとイメージできましたね。

「世界にほこる和紙」（光村図書 4年） 1／16時

［本時のねらい］ 初読の感想を交流することを通して、筆者の主張の意図について考えることができる。

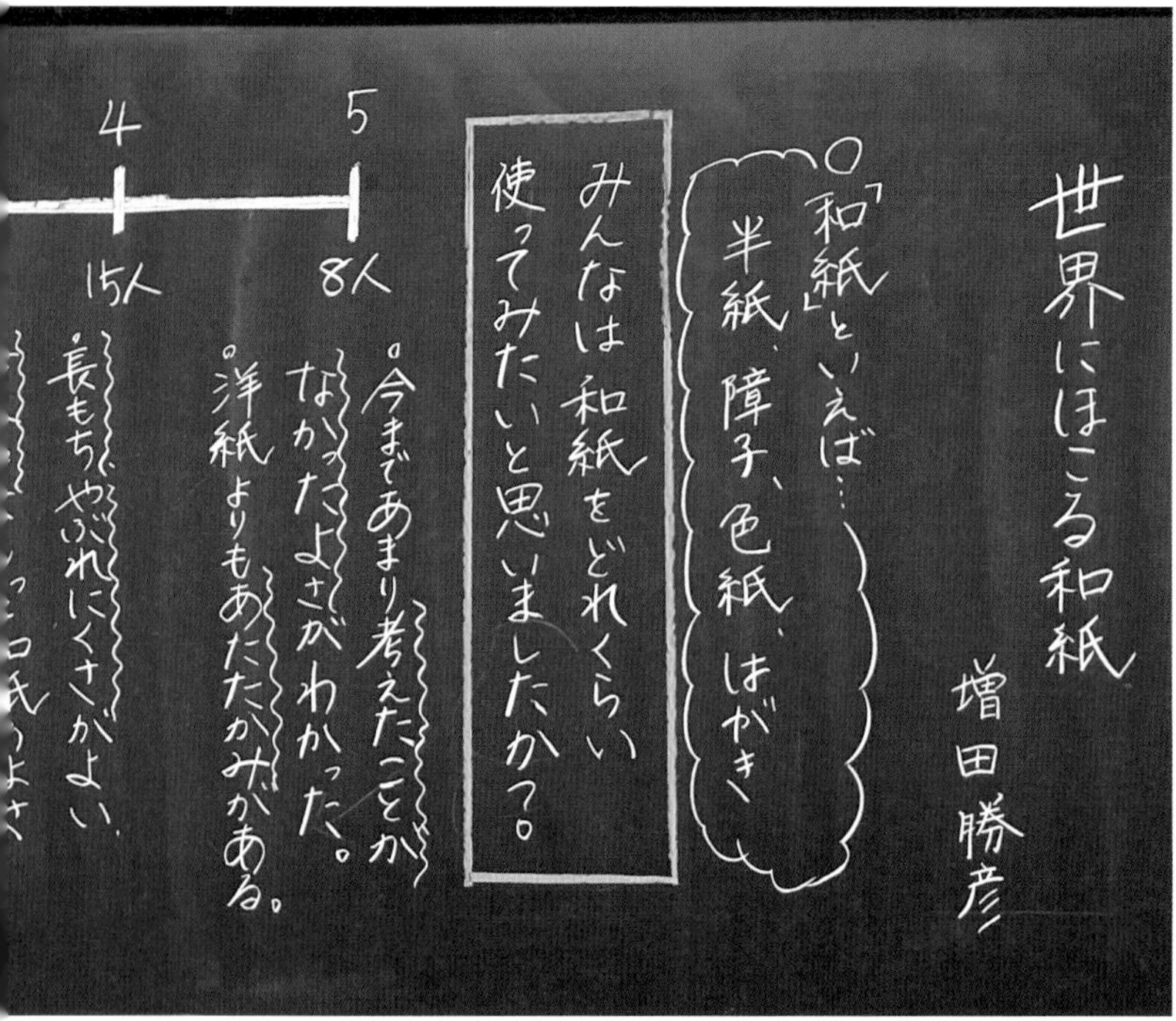
世界にほこる和紙
増田勝彦
○「和紙」といえば…
半紙、障子、色紙、はがき、
みんなは和紙をどれくらい使ってみたいと思いましたか。
5
8人
○今まであまり考えたことがなかったよさがわかった。
○洋紙よりもあたたかみがある。
4
15人
・長もちやぶれにくさがよい。

身に付けさせたい読みの力

●初読の感想 ●筆者の主張

教材の特性

筆者の和紙への強い思いが表現された双括型の文章です。和紙の長所が書かれる一方、和紙の短所や比較の対象として提示される洋紙のよさには触れられていません。この文章の特性を視野に入れながら授業づくりに取り組みましょう。

説明文の中には「和紙と洋紙」以外にも、「日本と世界」「人の手と機械」「過去と現在」といった対比関係が用いられています。筆者の主張を読者に理解してもらうために効果的に書かれている部分を検討することもできるでしょう。

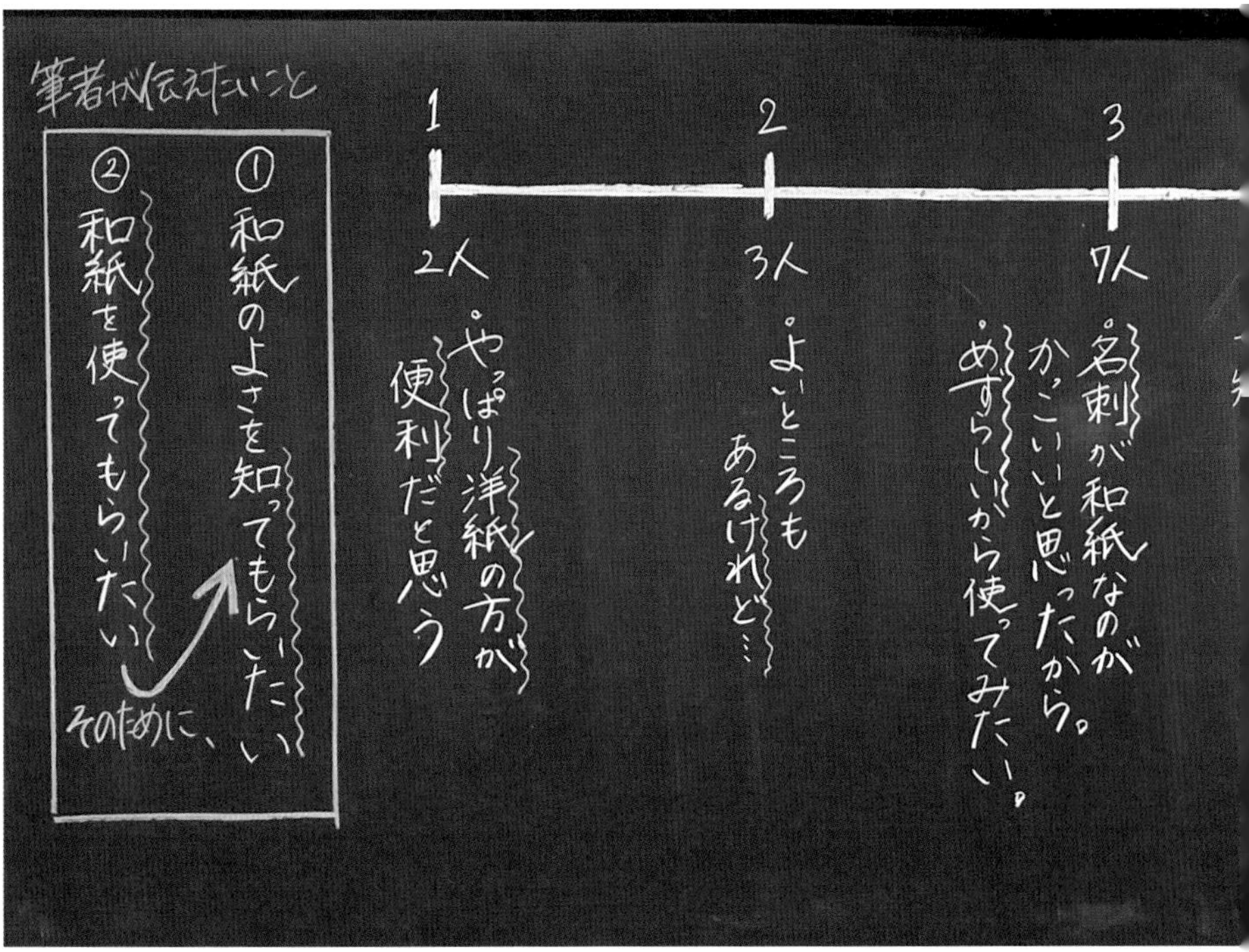

立体型板書のポイント

初読の感想を「筆者の主張への共感度」で交流します。子どもたちに馴染みのない「和紙」を文章を読んだことでどの程度使ってみたくなったのか、スケーリングを用いて可視化します。

子どもたちの発言からも、和紙の特長を知れたよさと使ってみたいという感想が出ると考えられます。子どもたちの感想と筆者の主張のつながりから、思考を深めましょう。

論理的思考力を育てるポイント

関連付け

筆者の主張でくり返し述べられている「和紙のよさを知ってもらいたい」部分と「使ってほしい」部分の関連性を考えられるようにしましょう。筆者の言葉から伝わってきた和紙の魅力を共有することで「知る」→「使う」という文章全体の流れを捉えることができます。

板書プロセス図

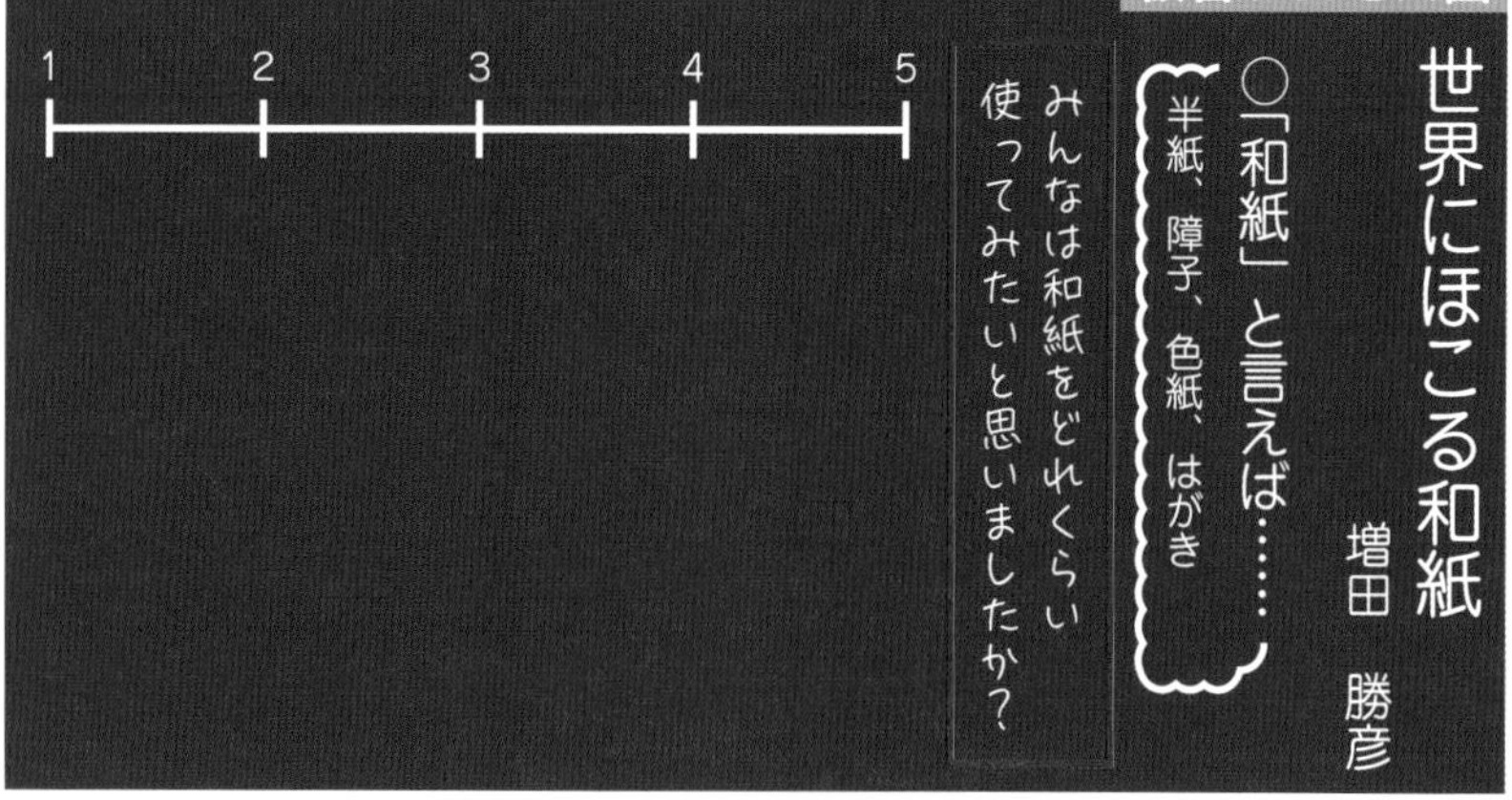
世界にほこる和紙
増田　勝彦
○「和紙」と言えば……
半紙、障子、色紙、はがき
みんなは和紙をどれくらい使ってみたいと思いましたか？
1
2
3
4
5

1 問題意識の醸成

子どもたちの経験を引き出し、既有知識を共有した後、教材を範読します。

T 「和紙」を使ったもので知っているものはありますか？

C 半紙やはがきは使ったことがあるよ。障子もだよね。

POINT 1 既有知識を引き出しながら、「和紙」に対する関心を高めた上で初読に入りましょう。

2 学習課題の提示と個人思考

> みんなは和紙をどれくらい使ってみたいと思いましたか？

C わたしの使ってみたい度は、（　　　　）です。なぜなら、……からです。

Check 3 考えの交流

板書プロセス図参照

C 3です。珍しいから使ってみたくなったよ。

C 4です。紙が長持ちして、破れにくいなんて素晴らしい。世界中にこのよさを知ってもらいたい。

C 5です。洋紙よりも温かみがあっていいなと思った。

POINT 1

子どもたちの既有知識を引き出し、可視化します。「和紙」を用いたものが意外と思い浮かばず、和紙の文化が広がっていないことを印象付けると、この後の交流につながり、効果的です。
それぞれの製品に和紙がどうして用いられているのかを共有すると関心がさらに高まるでしょう。

POINT 2

筆者の主張は「和紙のよさを知ってもらいたい」と「和紙を使ってもらいたい」という2点と読み取れます。これらは並列に書かれているように思われますが、改めて考え直して見ると「使ってほしいから、よさを知ってもらいたい」という文章の流れに気付くことができます。

C　1です。やっぱり洋紙の方が便利だと思うよ。
筆者の説明にどの程度共感できたのか、その理由と共に交流することで「和紙の特徴」を可視化しましょう。

4 思考の深化

考えを深めるための補助発問

筆者は、「和紙」を知ってもらいたいのですか？　それとも使ってもらいたいのですか？

C　どっちもだと思うよ。
C　あっ……でも、「使ってもらいたいから、知ってもらいたい」んじゃないかな？

POINT 2

筆者の主張の関係性を捉えましょう。この説明文の目的に迫ることで関係性が明らかになります。

5 学習のまとめ・振り返り

T　筆者の思いがどの程度みんなに伝わっていたのかを交流することで、筆者の主張の関係性にも気付けました。

「ウナギのなぞを追って」（光村図書 4年） 3／8時

［本時のねらい］興味のある資料を比較することで、それぞれの資料と文章の関係性や役割について考えることができる。

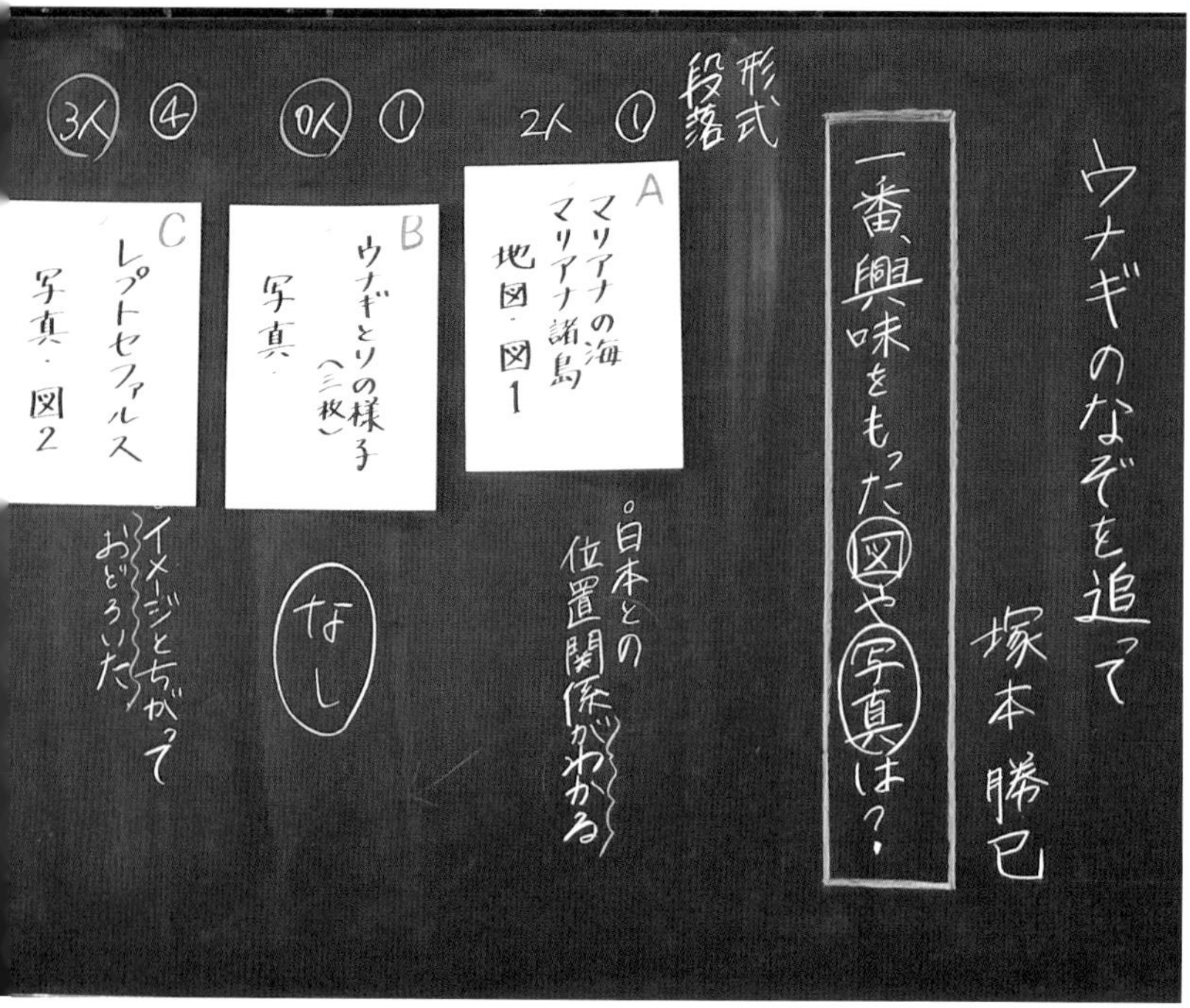

身に付けさせたい読みの力
●資料と文章の関連　●要約

教材の特性

ウナギがどんな一生を送る生き物なのかをまとめた調査報告文です。八つの図や写真を用いた非連続型テキストである点も大きな特性でしょう。

これらの八つの資料は文章だけでは、イメージしにくい部分を具体的に頭に思い浮かべる助けとなります。本教材は、専門的な用語や情報量も多く子どもたちも難しさを感じるかもしれませんが、資料を用いることで読み取りを助ける効果があることを実感させましょう。

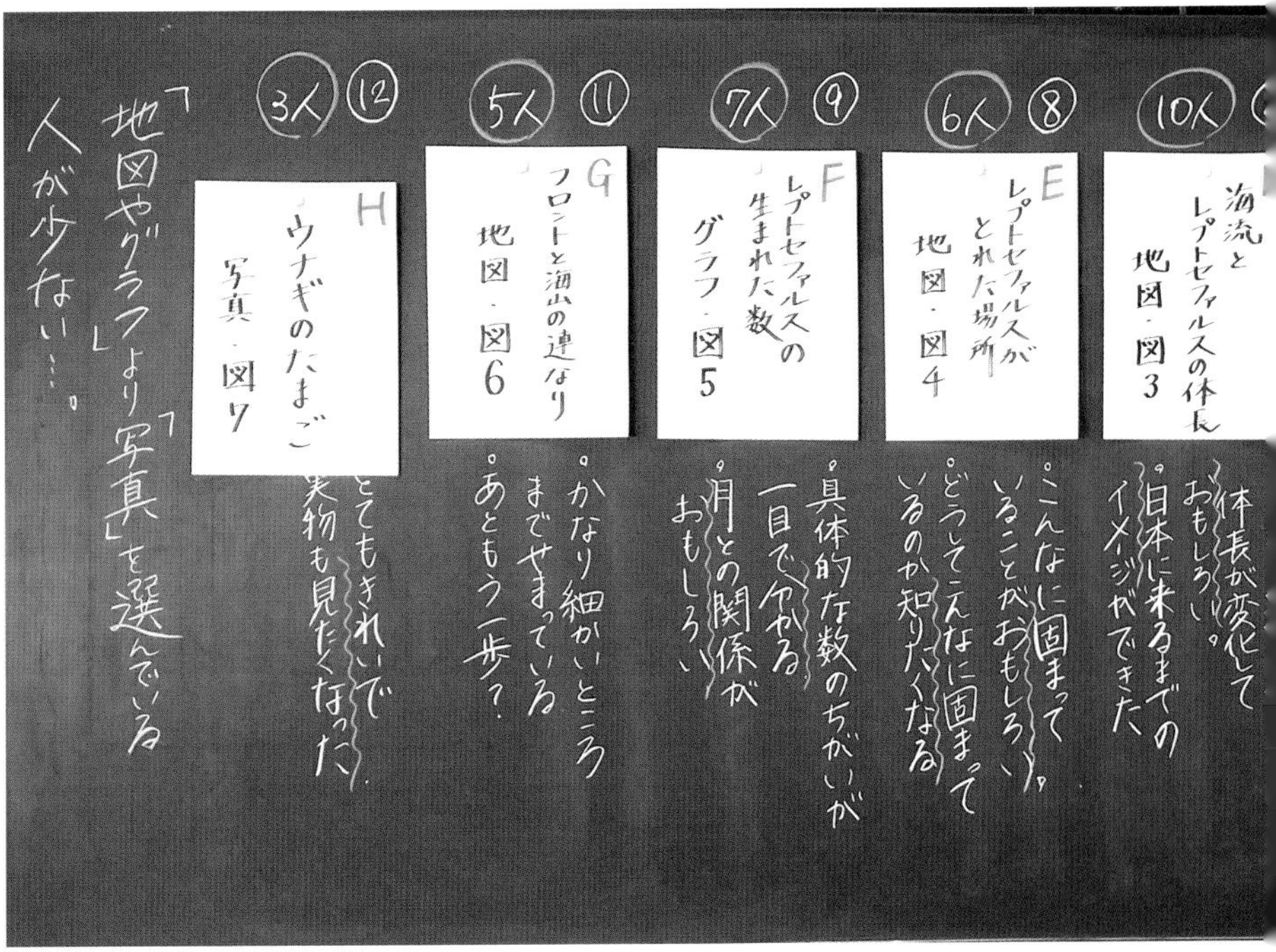
10人
海流とレプトセファルスの体長
地図・図3
・日本に来るまでのイメージができた
・体長が変化しておもしろい。
6人 ⑧
E
レプトセファルスがとれた場所
地図・図4
・こんなに固まっていることがおもしろい。
・どうしてこんなに固まっているのか知りたくなる
7人 ⑨
F
レプトセファルスの生まれた数
グラフ・図5
・具体的な数のちがいが一目で分かる
・月との関係がおもしろい
5人 ⑪
G
フロントと海山の連なり
地図・図6
・かなり細かいところまでせまっている
・あともう一歩？
3人 ⑫
H
ウナギのたまご
写真・図7
・とてもきれいで実物も見たくなった。
「地図やグラフ」より「写真」を選んでいる
人が少ない…。

立体型板書のポイント

教科書に掲載されている八つの資料を提示し、興味のあるものを選択させます。その際、各選択肢を選んだ人数を可視化しておきます。

それぞれのどの部分に興味があるのかを共有し、資料の価値を見出しましょう。その後、選択した人数の少ない資料の高さを少し下げて必要性を問うことで、さらに思考を深める活動へと入りましょう。

論理的思考力を育てるポイント

比較・分類

今回の教材は「資料の比較」を行います。本単元の中心となる学習内容は「要約」ですが、文章の要約の前に「自分の興味のある部分への考え」をまとめる練習にもなります。

八つの資料を比較することで文章の内容をどのように補填しているのかも捉えることができます。

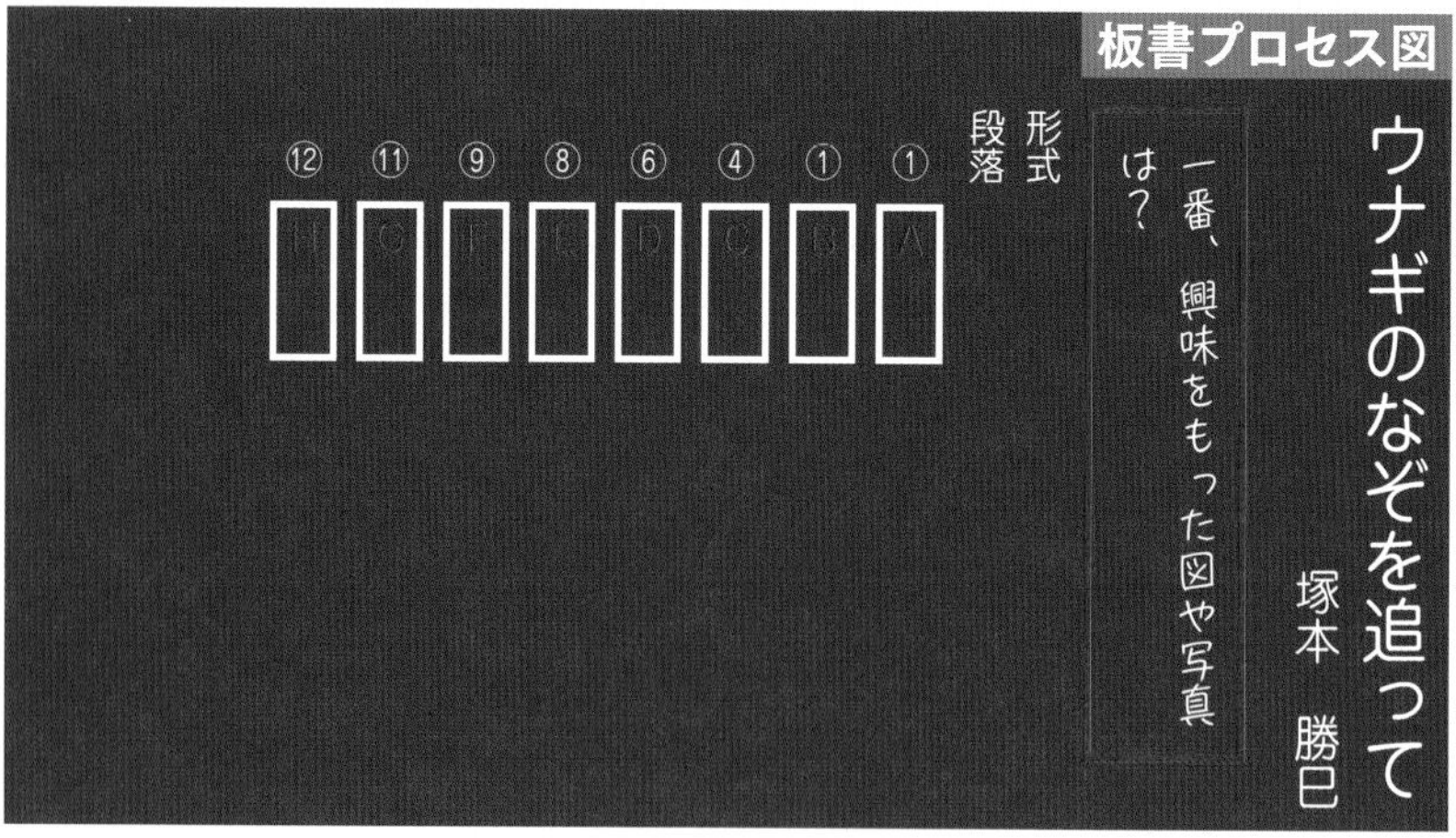
板書プロセス図
ウナギのなぞを追って
塚本　勝巳
一番、興味をもった図や写真は？
形式段落
①
①
④
⑥
⑧
⑨
⑪
⑫

1 問題意識の醸成

この教材の中に用いられている図や写真を確認しましょう。

T この文章の中には、どんな図や写真がありましたか？

C えっと……確か、「ウナギの卵の写真」があったよね。

教材の中の資料は、意外と記憶に残らず見逃していることが多いものです。丁寧に確認しましょう。

2 学習課題の提示と個人思考

> 一番、興味をもった図や写真は？

C わたしは（　　）が一番興味があります。なぜなら、……からです。

Check

3 考えの交流

板書プロセス図参照

C わたしは「D」です。海流の流れに沿って体長が変化していることが分かりやすくておもしろいからです。

C 「F」です。生まれた数が一目で分かるからです。月との関係もおもしろいなと思いました。

C 「C」です。こんな形だとは思わなくてびっくりしたからです。

POINT 1

子どもたち一人ひとりが興味をもった資料の理由を発表させることは、今後、「要約」の学習を行う際の練習にもなります。読者にどんな興味を抱かせる効果があるかを子どもの言葉で整理します。選択されない項目があった場合はあえて触れずに進めましょう。

POINT 2

図や写真によっては、人数が極端に少ないものがあるはずです。それらの資料の価値を改めて考えるための「ゆさぶり発問」です。このような非連続型テキストでは同様な発問を用いて資料が読者に与える効果を考える場面を設定することができます。

POINT 1

八つの図や写真のどの部分に興味をもったのかを話し合います。それぞれが読者にどのような効果をもたらしているのかが明らかになります。

4 思考の深化

考えを深めるための補助発問

結果を見ると「地図やグラフ」より「写真」を選んだ人が少ないですね。写真はいらないんじゃないかな？

C えっ……少ないけれど、必要はあると思うんだけど。

C 図やグラフと比べると得られる情報は少ないけれど、イメージがしっかりもてるのは写真だよね。

POINT 2

図やグラフ、写真が用いられる効果について確認しましょう。学級の実態によって「いらない」とゆさぶる部分は変わっても構いません。

5 学習のまとめ・振り返り

T 興味のある部分を中心にその理由を交流すると、その効果がよく分かりましたね。

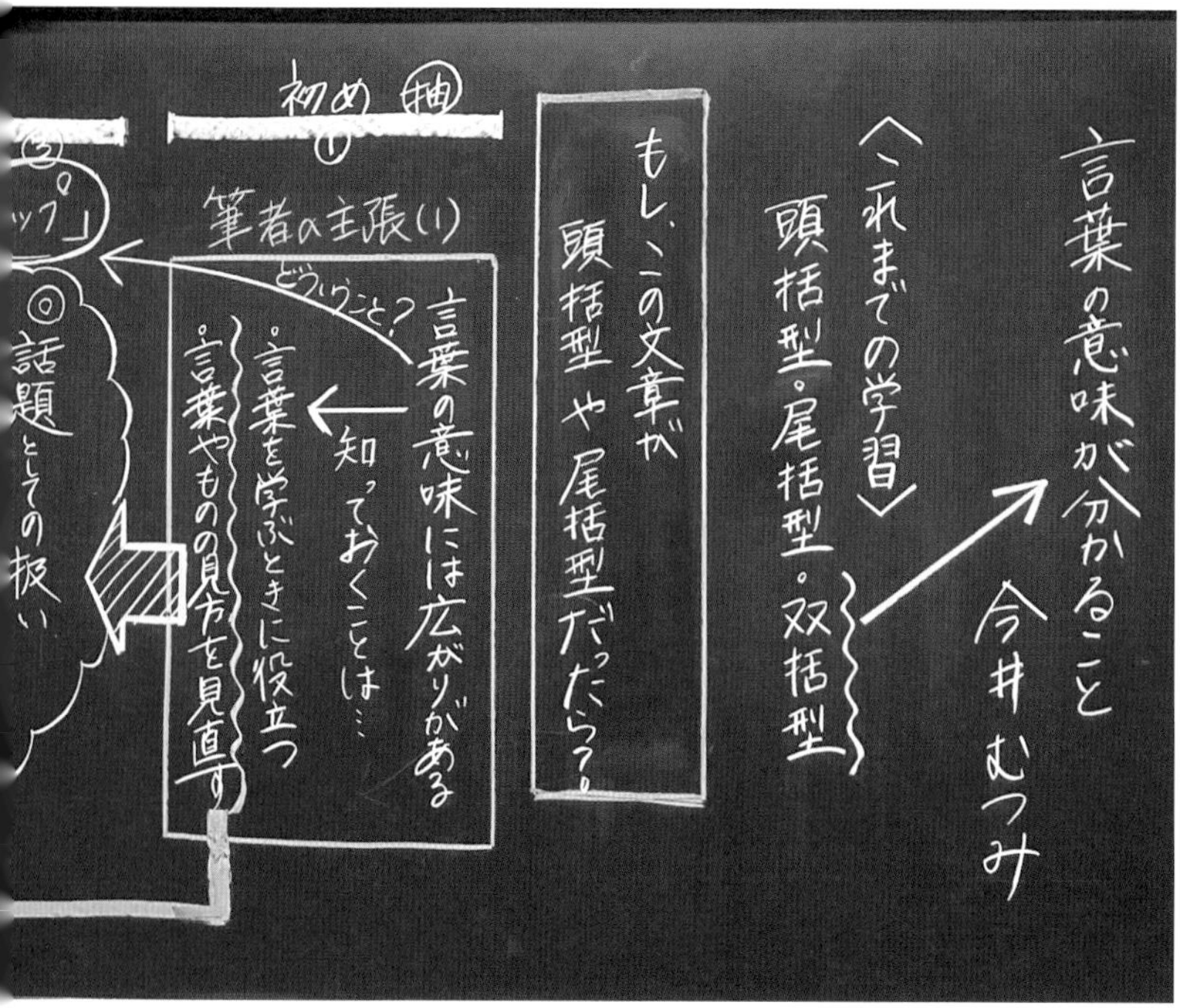
言葉の意味が分かること
今井むつみ
〈これまでの学習〉
頭括型・尾括型・双括型
もし、この文章が頭括型や尾括型だったら？
初め 抽 ①
筆者の主張(1)
どういうこと？
言葉の意味には広がりがある
知っておくことは…
・言葉を学ぶときに役立つ
・言葉やものの見方を見直す
◎話題としての扱い

「言葉の意味が分かること」（光村図書 5年）4/7時

［本時のねらい］文章構造を仮定することを通して、双括型の文章の特長や論理について考えを深めることができる。

身に付けさせたい読みの力

●双括型　●文章構造

教材の特性

一般的に考えられている「言葉の意味が分かること」の奥深さについて、多くの事例を用いながら丁寧に説明されている文章です。筆者は双括型の文章にすることで、一見同じ内容の繰り返しに見える主張も、より読者の理解を得ることができるように強調、補強された内容になっています。

文章全体を構造図にして表すことで、言葉や論理のつながりが可視化され、子どもたちの思考の助けとなります。高学年の複雑な文章も常にシンプルに捉えることを心がけましょう。

構造埋め込み型「言葉の意味が分かること」

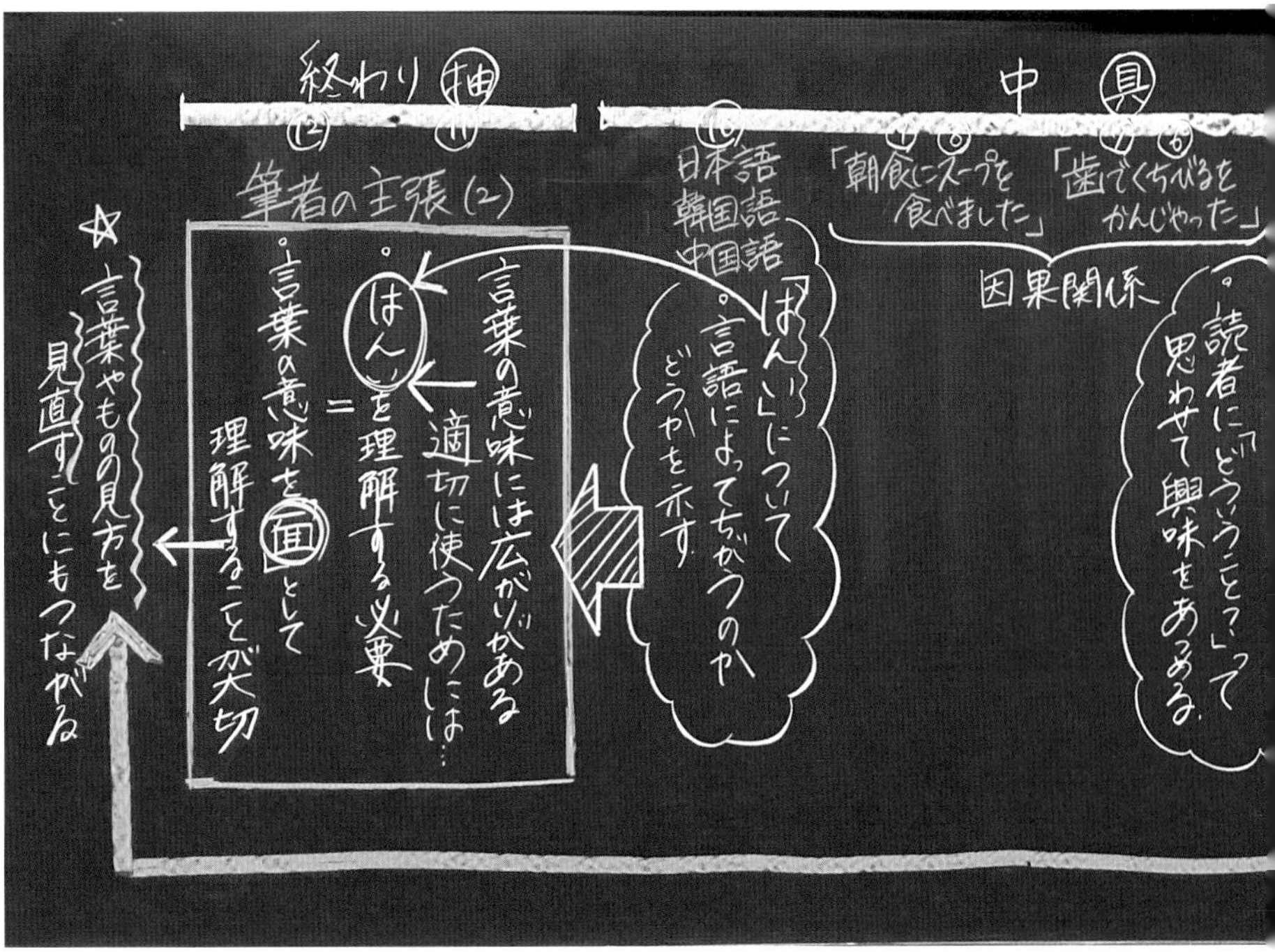

立体型板書のポイント

板書最上部には「初め―中―終わり」の構造と「具体―抽象」の関係を示します。それぞれを構成している要素を書き込むことで文章全体を俯瞰的に捉えながら、思考させることができます。

学習課題に対する考えは、「初め→中」や「中→終わり」のつながりを根拠とした話合いが中心です。双括型で示される「筆者の主張」のつながりも矢印を用いて可視化しましょう。

論理的思考力を育てるポイント

関連付け

文章構造に着目することで、「初め―中」「中―終わり」のつながりを考えることに焦点化します。言葉や論理のつながりがあることを見付けることで論理的思考力が育ちます。「中」に書かれている「具体」と「初め・終わり」の「抽象」のつながりや事例の因果関係も大切です。

板書プロセス図

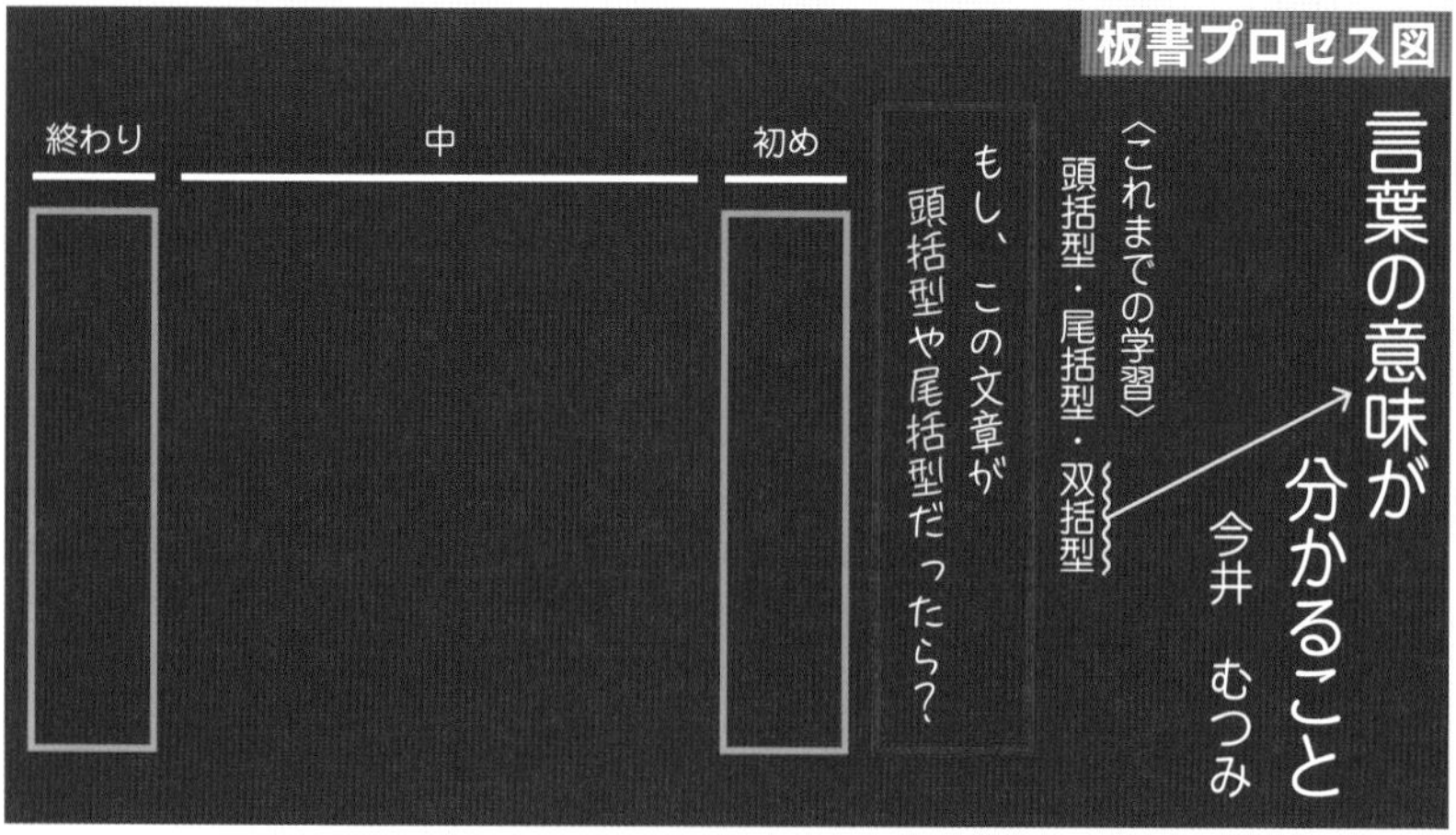

Check

1 問題意識の醸成

板書プロセス図参照

これまでに学習した説明文の知識を共有し、本時で扱う文章構造への意識を高めましょう。

T　今まで学習した説明文の「型」には何がありましたか。

C　「頭括型」「尾括型」「双括型」の三つがありました。

POINT 1　説明文の基本となる「型」を既習内容から引き出し、基礎構造を確認しましょう。

2 学習課題の提示と個人思考

> もし、この文章が頭括型や尾括型だったら？

C　もし（　　　）型だったら（　　　）と思います。なぜなら、……からです。

3 考えの交流

C　頭括型だったら、終わりのまとまりがなくなると思う。

C　尾括型だったら、最初の「コップ」を出すためのつながりがなくて唐突な感じになってしまうと思うよ。

C　頭括型だったら、「中」で述べられていることをまとめる部分

POINT 1

説明文の基本構造を理解することは、文章理解の助けとなります。「構造埋め込み型」は構造を切り口として、文章の内容理解を助けます。

単なる文章構造の「理解」に留まるのではなく、「表現」へと展開できるように「言葉のつながりのおもしろさ」を大切にしましょう。

POINT 2

「一言での表現」は、授業終盤に扱うことで思考を整理し頭の中をすっきりできます。これまでの話合いで板書には多くのキーワードや言葉のつながりが可視化されているはずです。それらの具体的な言葉を抽象化することで思考の深化を促しましょう。

がすっぽりなくなってしまうよ。

どちらか一方になったら、どのような不都合が起き得るかを想像させながら発言させましょう。

4 思考の深化

考えを深めるための補助発問

「言葉の意味が分かること」とは、「一言でいうと○○○○ということである」、○○に入る言葉は何？

C 「点」ではなくて「面」で理解することです。

C 言葉以外の「自然だと思っているものの見方」が当たり前ではないことに気付かせてくれることです。

POINT 2

最終的な結論をシンプルに一言で表現させましょう。思考を収束させる学習活動です。

5 学習のまとめ・振り返り

T 基本となる「型」が変わるだけでも文章の印象はがらっと変わってしまうのですね。双括型のよさも改めて確認できましたね。

「固有種が教えてくれること」（光村図書 5年） 3／11時

【本時のねらい】資料の空欄に入る言葉や図の位置を考えることを通して、非連続型テキストにおける資料の価値に気付くことができる。

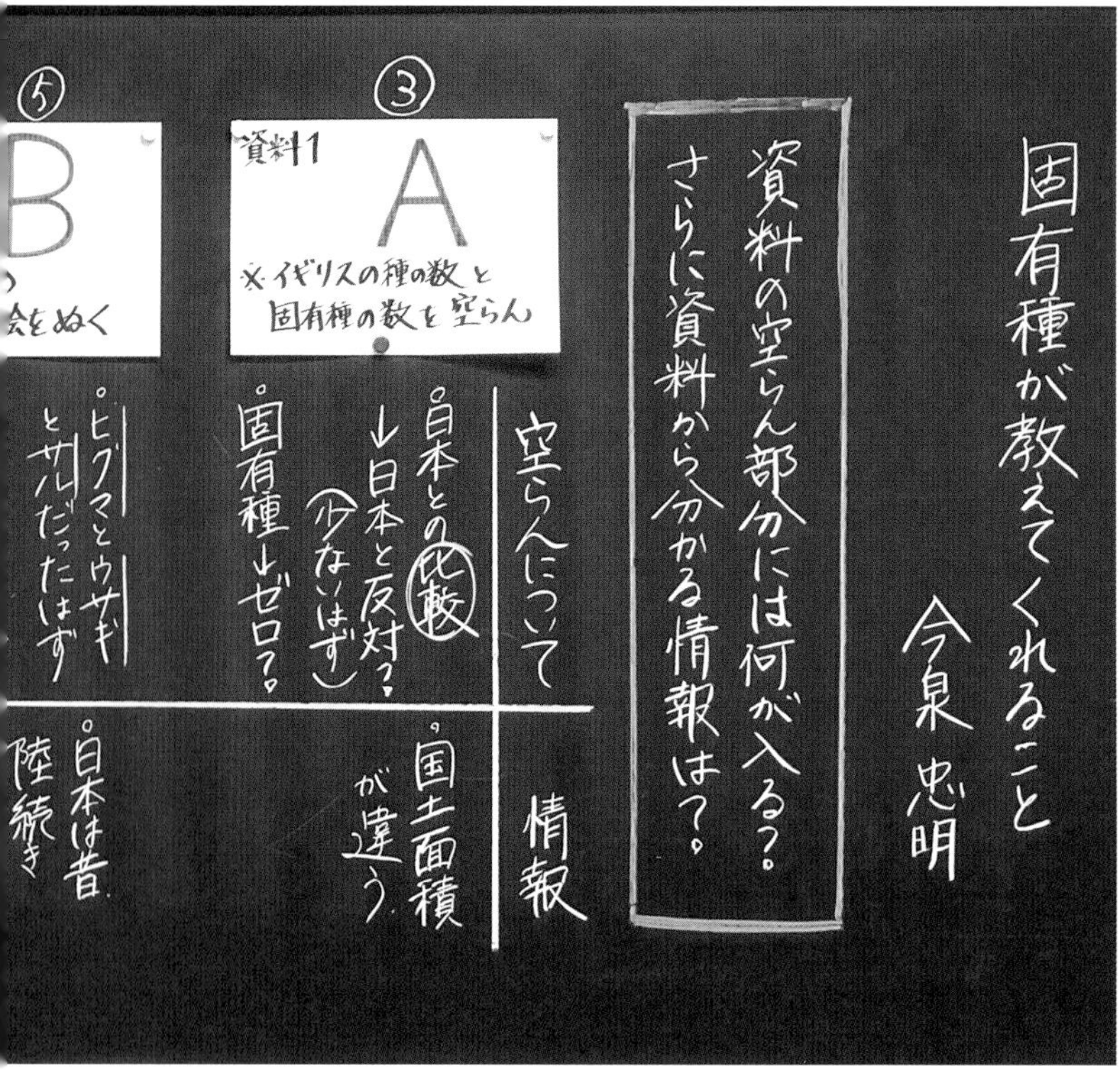

身に付けさせたい読みの力

●本文と資料の関係　●資料の役割

教材の特性

七つの資料とともに「固有種が教えてくれること」について説明された非連続型テキストです。これまでもこのような教材はありましたが、本文の読み取りが中心となり、資料に書かれた情報は意外と読み流されていることが多かったのではないでしょうか。

「穴埋め型」を用いて資料の情報を空欄にすることで思考の活性化を促します。資料と本文を関連付けながら読む力を育てましょう。これらの言葉のつながりを大切にすると、文章全体を視野に入れながら筆者の主張に迫る読み方を身に付けることができます。

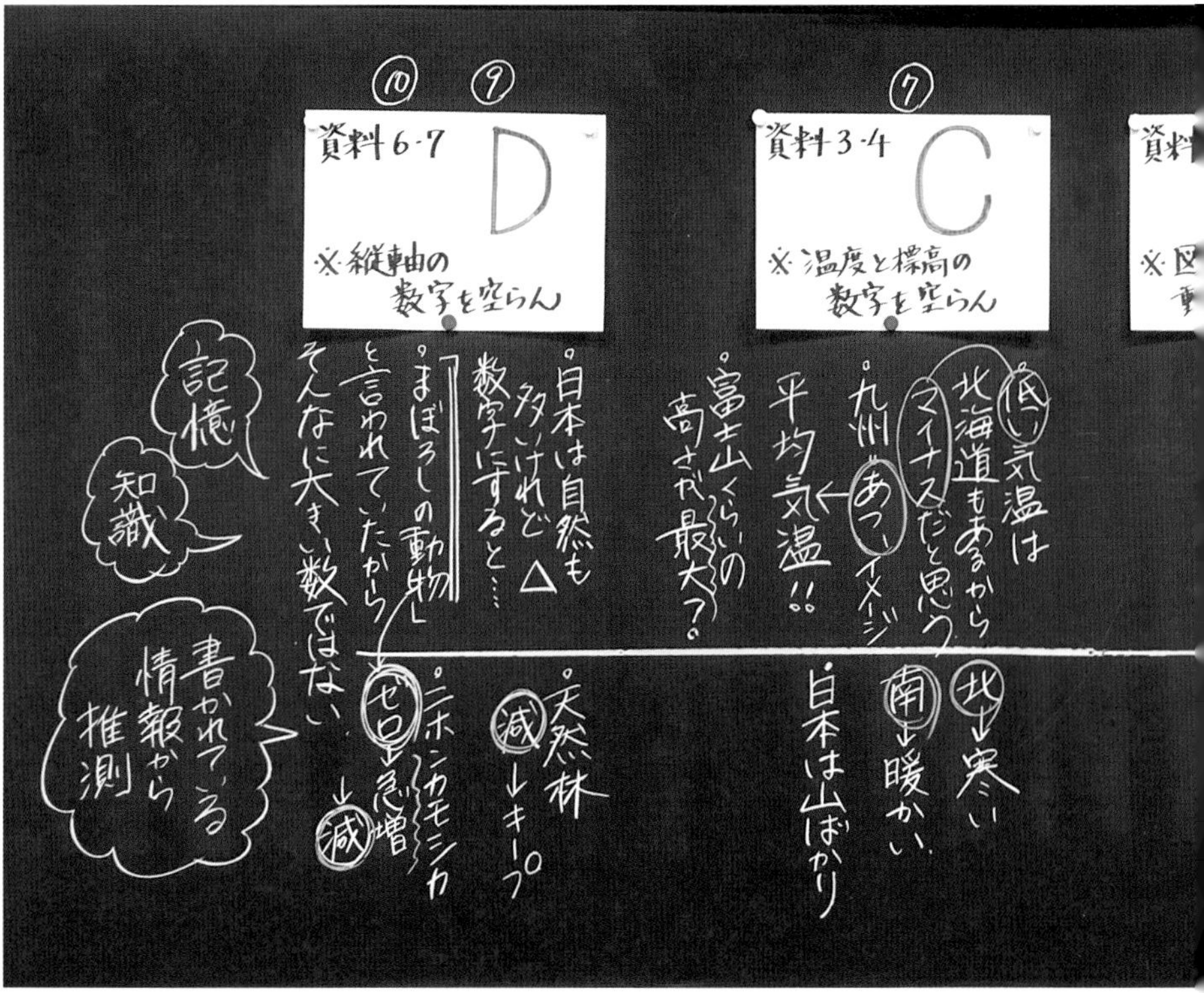

立体型板書のポイント

掲示する四つの資料に空欄を作ります。子どもたちの手元にも同じような資料を渡しましょう。その空欄と共に、「どのように考えたのか」という思考のプロセスを中心に板書します。

また、板書下段には本文には書かれていないけれど、資料の情報から新たに考えられることや発見を書き残し、思考を広げましょう。

論理的思考力を育てるポイント

類推

「分かったつもり」の部分を指摘することで、本文を読む必然性が生まれます。これまでの学習の記憶や既有知識、経験等と資料の情報を関連付けながら類推させましょう。それぞれの資料で類推の方法は異なりますが、今まで以上に情報の大切さに気付くことができるはずです。

板書プロセス図

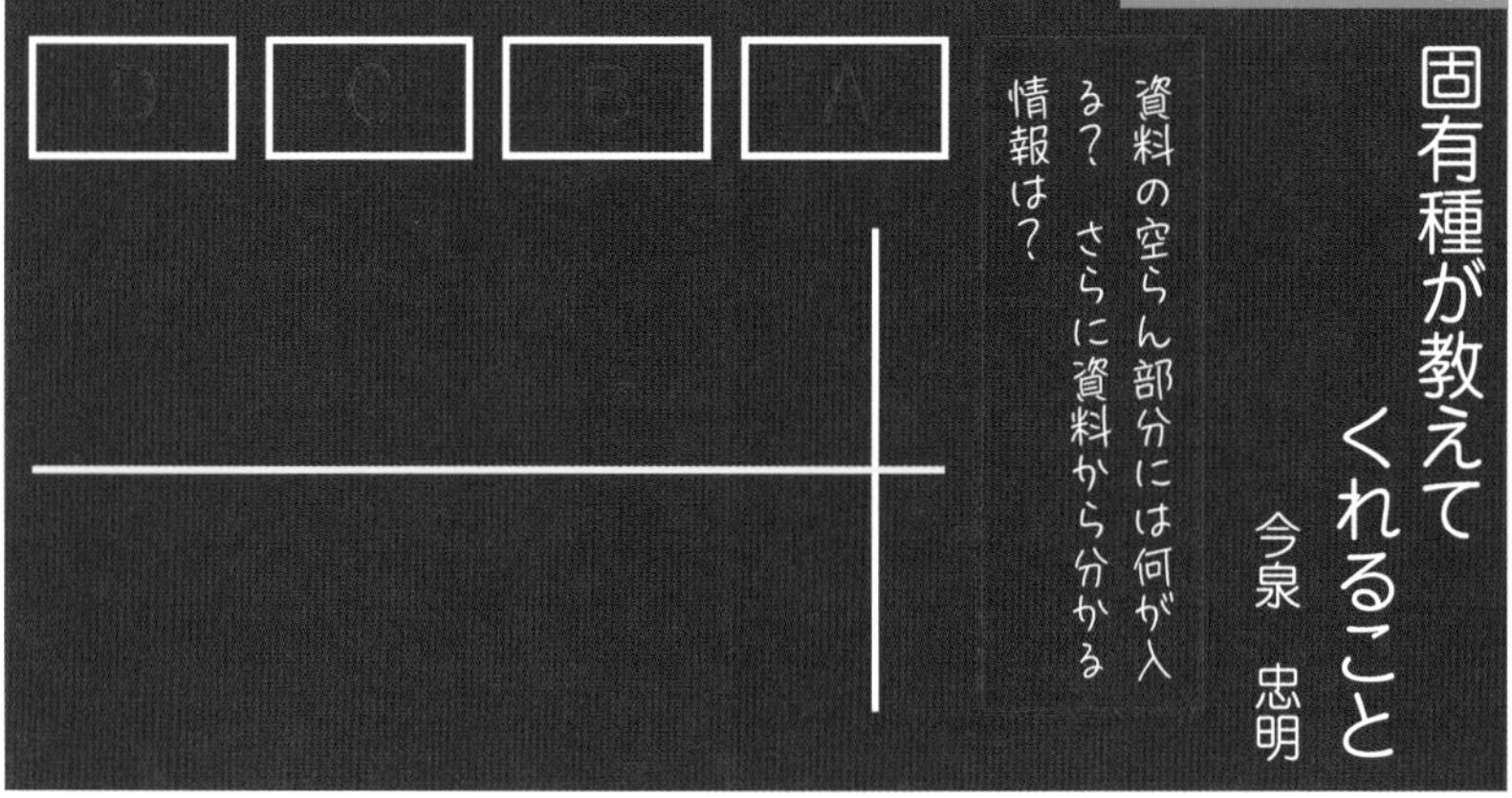
固有種が教えてくれること
今泉 忠明
資料の空らん部分には何が入る？ さらに資料から分かる情報は？
A
B
C
D

1 問題意識の醸成

「分かっているつもり」になっている部分を問うことで、分からない部分を自覚させましょう。

T この文章には資料はいくつ載っていましたか？

C えっ……たくさんあったのは覚えているけれど……。

非連続型テキストに掲載されている資料の情報と文章の関連に注目するための導入です。

2 学習課題の提示と個人思考

> 資料の空欄部分には何が入る？ さらに資料から分かる情報は？

C （　）には（　）が入ると思います。なぜなら、……からです。

Check

3 考えの交流

板書プロセス図参照

C Aには日本より小さい数が入るはず。固有種は0？

C Cの最低気温は北海道もあるからマイナスだと思うな。あっ、でも「平均気温」ってあるから違うかも。

POINT 1
空欄の数字を正確に当てることが目的ではありません。予想される数字や場所を導き出すための「考えのプロセス」を大切に交流しましょう。「なぜそのように考えたのか？」を交流することで論理的に情報を整理することができます。

POINT 2
子どもたちの考えにゆさぶりをかけます。「国語＝言葉の勉強」と捉えられがちですが、このように資料と言葉を結び付けて総合的に考える力を身に付けることの大切さに迫ります。
自分たちの学びの浅深を自覚することから、学びは広がり、深まっていきます。

C　Dは難しいな……。「まぼろしの動物」って書いてあるから、数はそこまで多いわけではないと思うな。

POINT 1
空欄の中に入る数字や場所を限られた情報から考えましょう。様々な情報と関連付けることが大切です。

4 思考の深化

考えを深めるための補助発問

言葉の大切さを学ぶ国語の授業だから、文章だけの方がよいのではないかな？

C　えー、それだと難しくて読みたくないよ。
C　資料があるからこそ、具体的に文章の内容をイメージできるよね。もっと注意して見ないとな。

POINT 2
資料がない場合を想定することで、資料の価値を共有しましょう。資料の情報を大切にすることで文章の世界が広がることを実感させます。

5 学習のまとめ・振り返り

T　なんとなく見ていた資料にもこんな価値があったのですね。

▼穴埋め型

「想像力のスイッチを入れよう」（光村図書５年）

4／6時

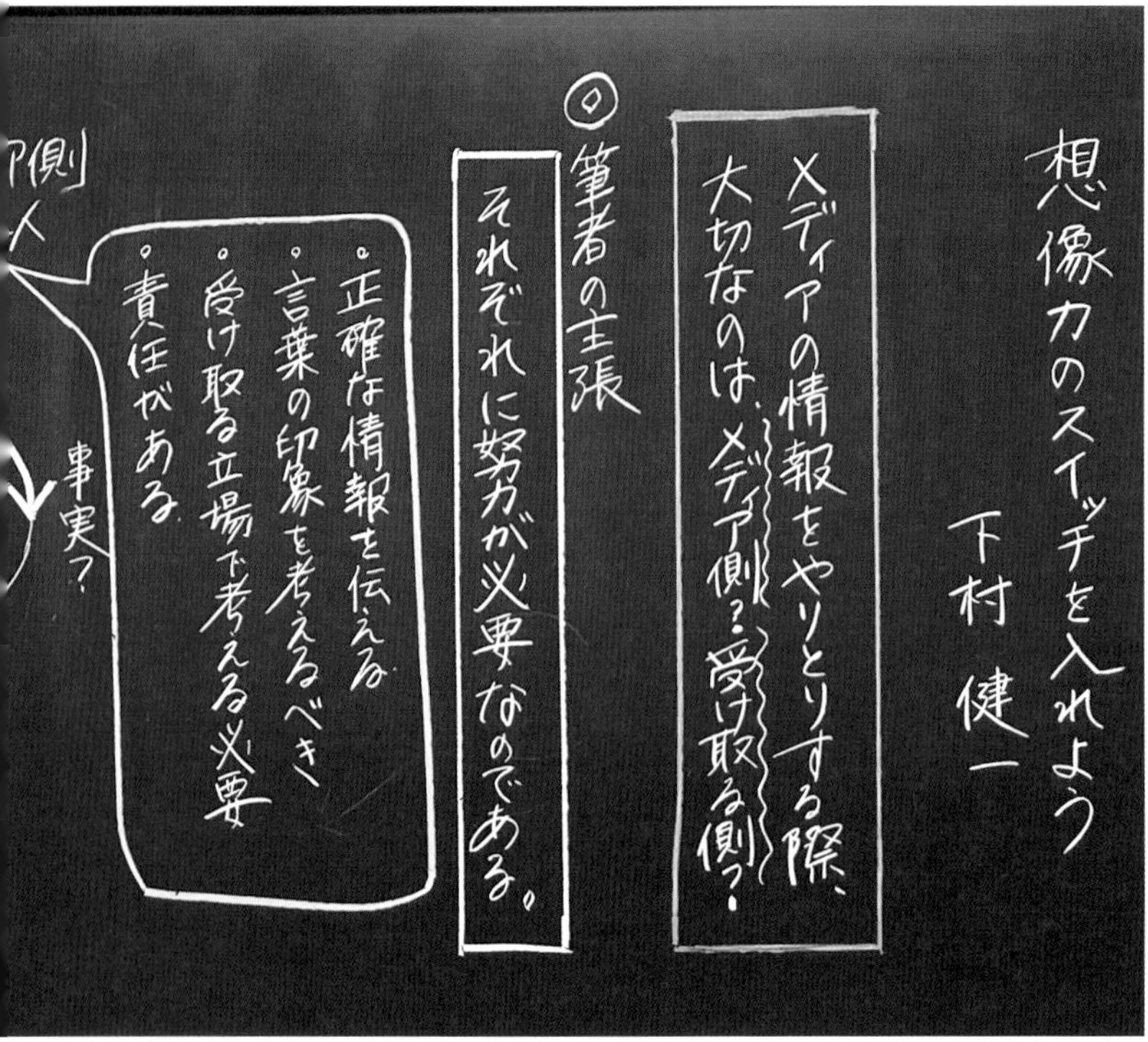

［本時のねらい］二つの立場を比較することを通して、情報のやりとりの際に大切な「努力」に対する考え方を捉えることができる。

身に付けさせたい読みの力

●筆者の主張の本質　●対比関係

教材の特性

「想像力のスイッチ」をキーワードとして、情報の発信側・受信側のそれぞれが努力すべき内容について述べられた双括型の文章です。

具体的事例を挙げながら、「思いこみ」が重大な判断ミスをもたらすことを示し、それを防ぐための努力に至るまでの過程が論理的に述べられています。

筆者はどちらの立場も努力が必要としていますが、読者として子どもたちはこの考えに納得できているのか、文章を評価させる活動を用いながら教材理解、思考の深化を目指しましょう。

循環型「想像力のスイッチを入れよう」

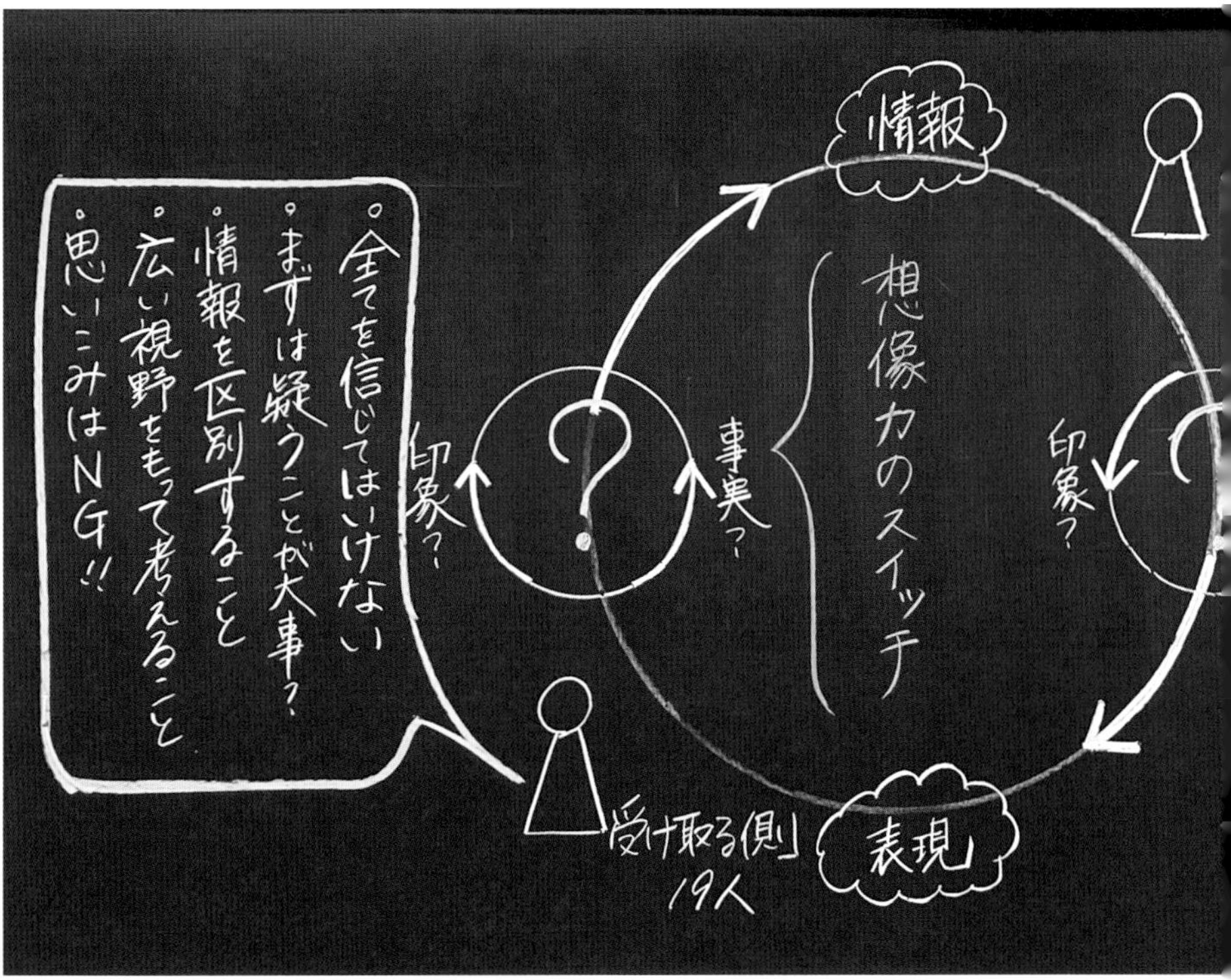

情報
想像力のスイッチ
事実？
印象？
？
印象？
・全てを信じてはいけない
・まずは疑うことが大事？
・情報を区別すること
・広い視野をもって考えること
・思いこみはNG!!
受け取る側
19人
表現

立体型板書のポイント

授業の導入で、二つの立場と情報のやり取りの関係性を「循環型」を用いてシンプルにまとめます。それぞれの立場に向かう時には「事実かな？　印象かな？」と判断を求められる場面があるため、小さな円を描き込み、分かれ道を表現しています。

話合いでは、二つの立場を対比させながら本文の内容を整理し、根拠を明らかにしましょう。

論理的思考力を育てるポイント

比較・分類

筆者の主張に対する自分の本音（納得度）を表現させましょう。どちらの立場であっても努力が必要なことは分かりますが、あえて一方を選択させて、話合いの中で比較することで深い思考を引き出します。循環型の板書を用いながら、丁寧に思考をつなげることが大切です。

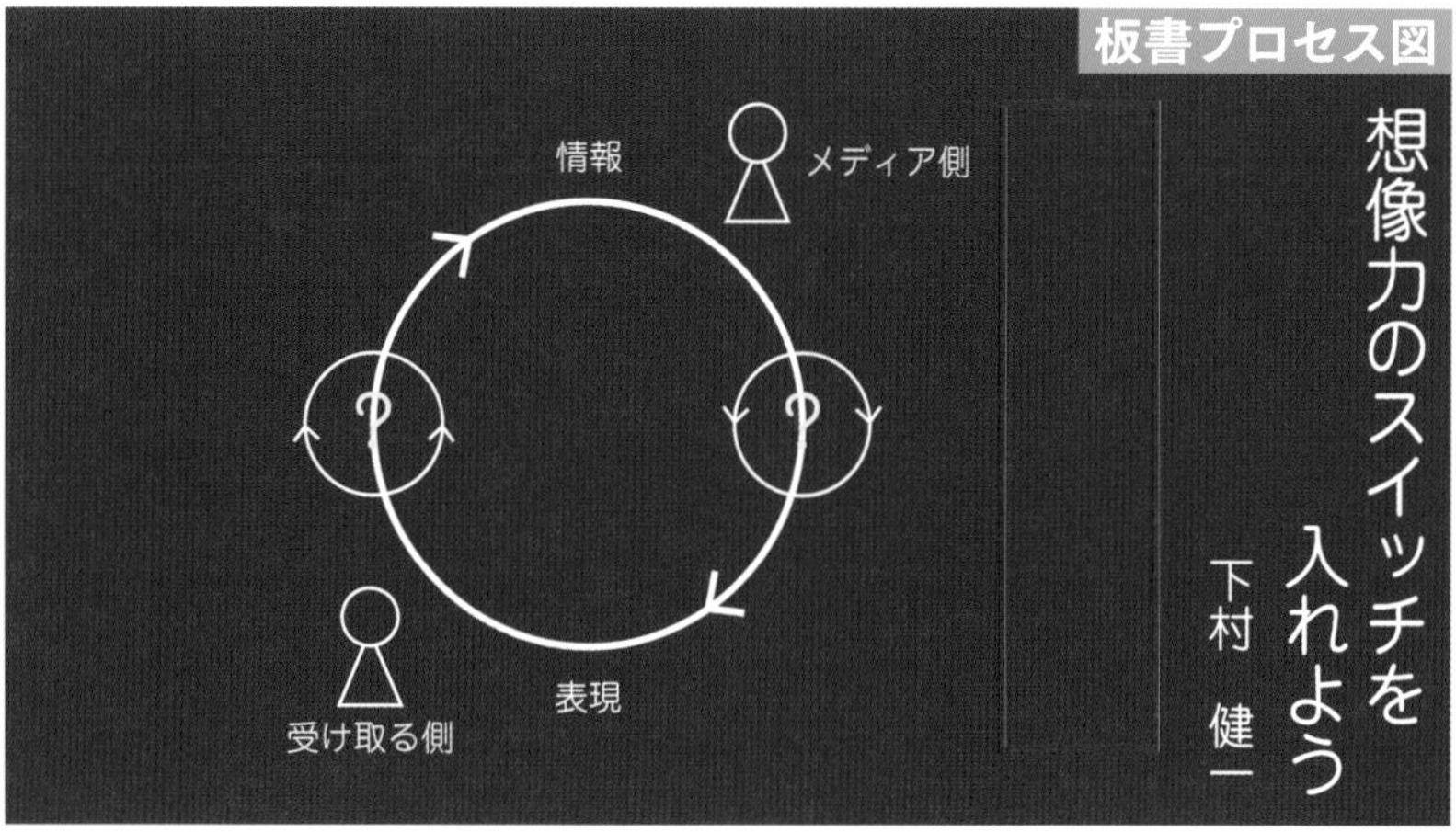

Check **1** **問題意識の醸成**　**板書プロセス図参照**

文章の大体を循環型の板書を用いて図式化します。

T 二つの立場のどちらとも「それぞれに努力が必要」と筆者は述べているね。どういう意味か理解できた？

C 「事実」と「印象」の区別が大切なんだよね。

POINT 1 二つの立場のつながりや大切にしている部分をシンプルに捉えられるように整理しましょう。

2 **学習課題の提示と個人思考**

> メディアの情報をやりとりする際、大切なのは、メディア側？受け取る側？

C わたしは（　　　　）の方が大切だと思います。なぜなら、……からです。

3 **考えの交流**

C 受け取る側です。だって、自分で判断して考えないと。

C メディア側だと思う。もっと多くの人に影響を与えていることを意識しなければ大変なことになっちゃう。

POINT 1
「循環型」を用いることで日頃から繰り返されている「メディア側」と「受け取る側」の情報のやりとりを整理します。どちらの立場であっても発信する前、受け取る前に「事実」と「印象」を判断して、冷静な対応が必要です。題名でもある「想像力のスイッチ」がキーワードです。

POINT 2
板書に整理されたそれぞれの立場の考えについて、「納得度」を共有しましょう。「納得できない部分」は言葉を交わしながら、議論することで「共感的理解」へとつながります。意見をぶつかり合わせる話合いではなく、「相手の言っていることも分かる」という交流を目指しましょう。

C　やはり受け取る側では？　全てをすぐに信じてはいけないし、疑うことが大切なのかも……。悲しいね……。

二つの立場の意見を交流する中で、考えを構築させましょう。どちらの立場も分かるからこそ悩む課題です。

4 思考の深化

考えを深めるための補助発問

相手の立場の考えに対して「納得できないな」と思う部分はありますか？

C　受け取る側が毎回「疑う」のはどうかと思うな……。
C　でも、それが正しい情報を受け取るための努力なら仕方がないんじゃないかな。難しい部分だよね。

POINT 2
相手の立場の意見について共感的理解を引き出すために、もう一歩深く踏み込みましょう。

5 学習のまとめ・振り返り

T　二つの立場をあえて選択することで、筆者の伝えたい、それぞれの立場の努力について理解が深まりましたね。

▼循環型

「笑うから楽しい」（光村図書 6年）

1／7時

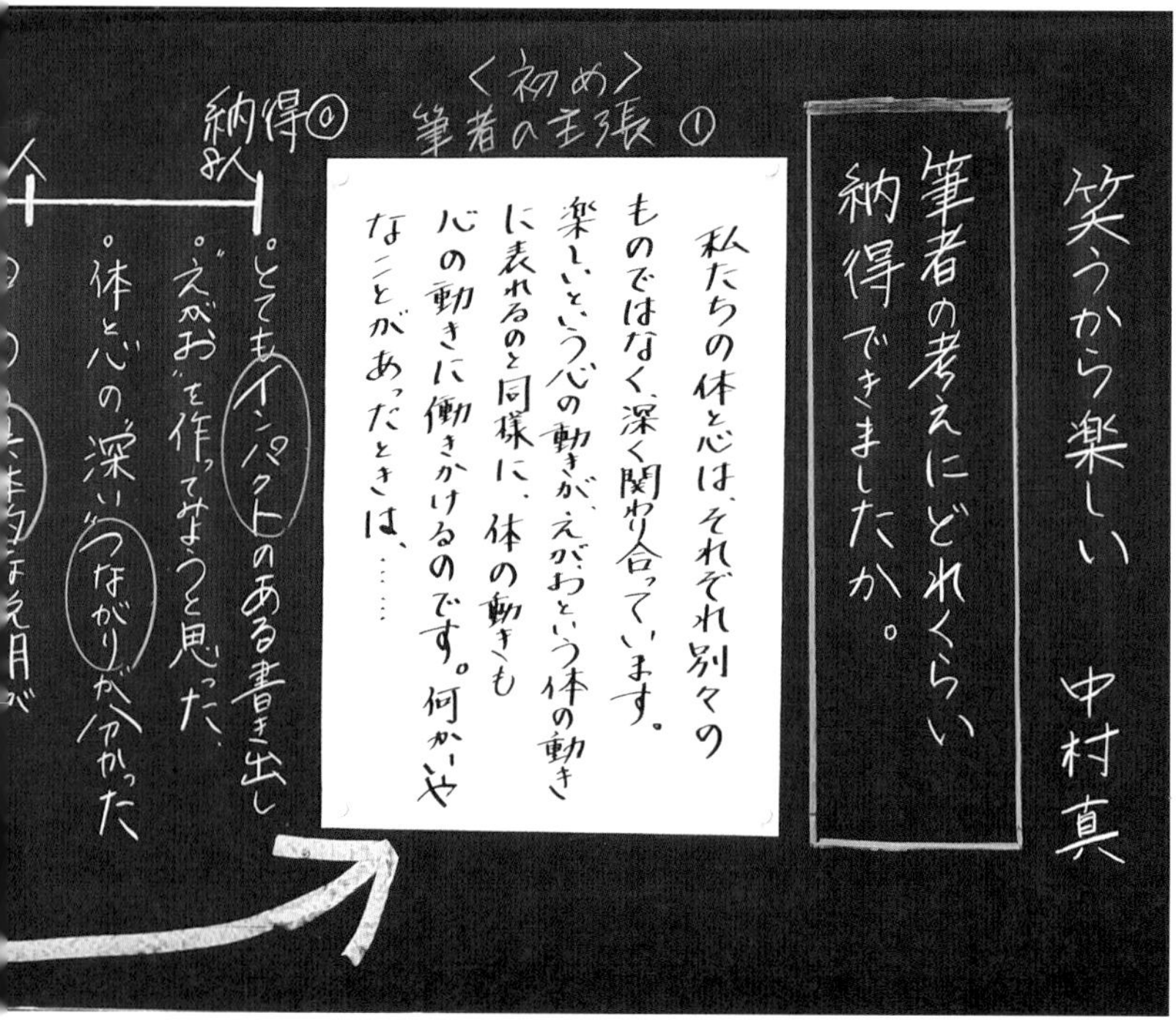

【本時のねらい】筆者の考えへの納得度を話し合うことを通して、文章を評価し、文章構造や言葉の論理に気付くことができる。

身に付けさせたい読みの力

●双括型の文章　●言葉の論理

教材の特性

筆者の主張と事例の関係性を捉える特性をもつ文章のプレ教材として設定されています。体の動きと心の動きはお互いにどのように関係し合っているのか、事例を提示しながら論理的に説明しています。

双括型の文章ですが、本単元の最初の学習ではあえて①段落と④段落を入れ替えて提示したものを子どもたちに与えます。このしかけによって「筆者の主張」に焦点化した学びを促すことができます。単なる内容の繰り返しではないことを学ぶよい機会となるでしょう。

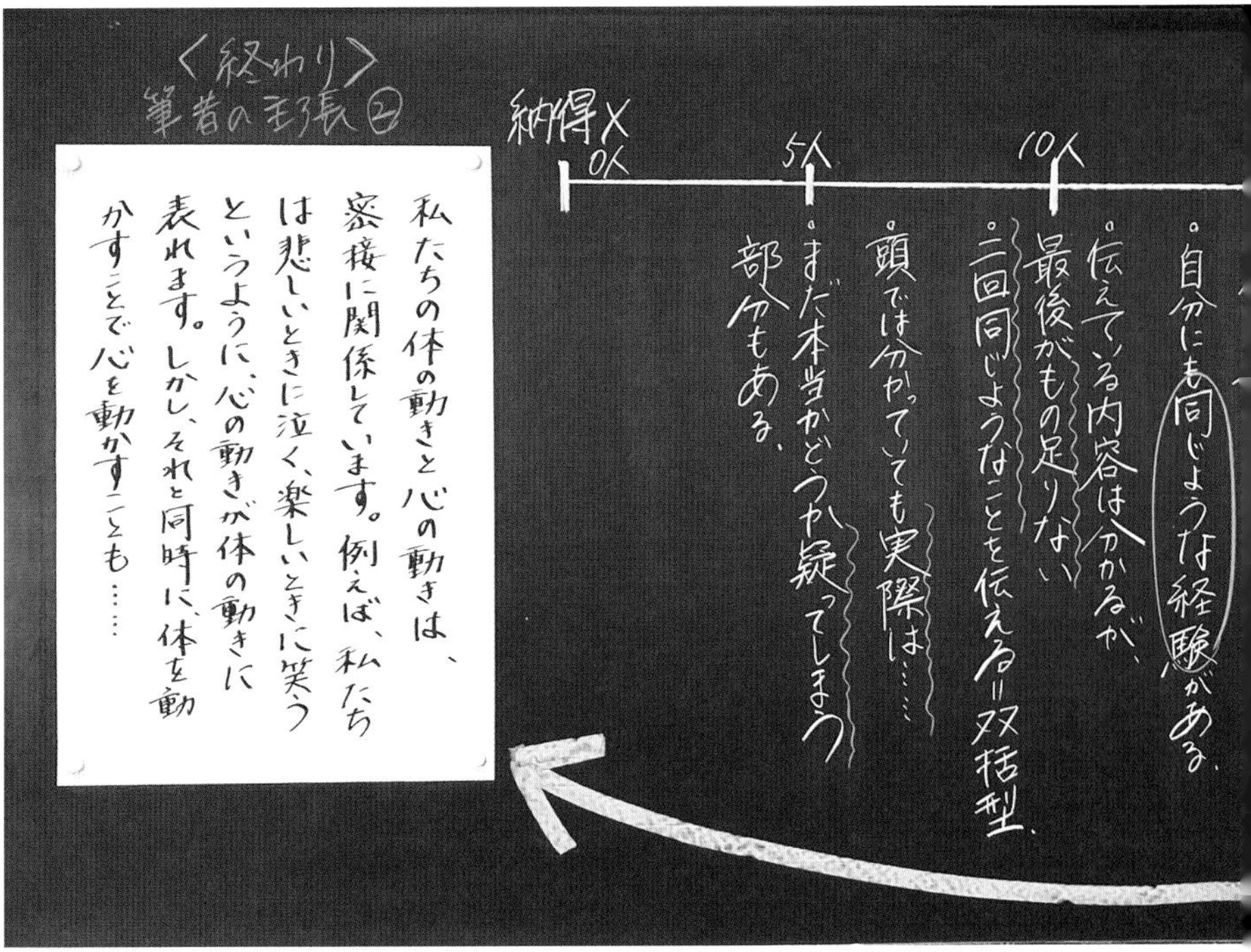
〈終わり〉
筆者の主張②
納得×
0人
5人
10人
。自分にも同じような経験がある。
。伝えている内容は分かるが、最後がもの足りない
。二回同じようなことを伝える＝双括型。
頭では分かっていても実際は……
。まだ本当かどうか疑ってしまう部分もある。
私たちの体の動きと心の動きは、密接に関係しています。例えば、私たちは悲しいときに泣く、楽しいときに笑うというように、心の動きが体の動きに表れます。しかし、それと同時に、体を動かすことで心を動かすことも……

立体型板書のポイント

筆者の考えにどの程度納得できているのかをスケーリングを用いることで「読者としての感じ方の違い」を可視化することができます。

また、教科書の本文を黒板の左右に提示することで、二つの文章に焦点化した読みを促すことができます。スケーリング型と移動型の特長をコラボさせながら思考を深めましょう。

論理的思考力を育てるポイント

関連付け

読者の納得度が文章のどの部分から伝わってくるのかを関連付けながら整理します。文章の論理を読み取る中で、筆者を評価する読み方を経験させます。

また、本文を提示することでより文章の言葉を根拠とした話合いが可能になります。言葉のつながりを見付け、論理的読みを促しましょう。

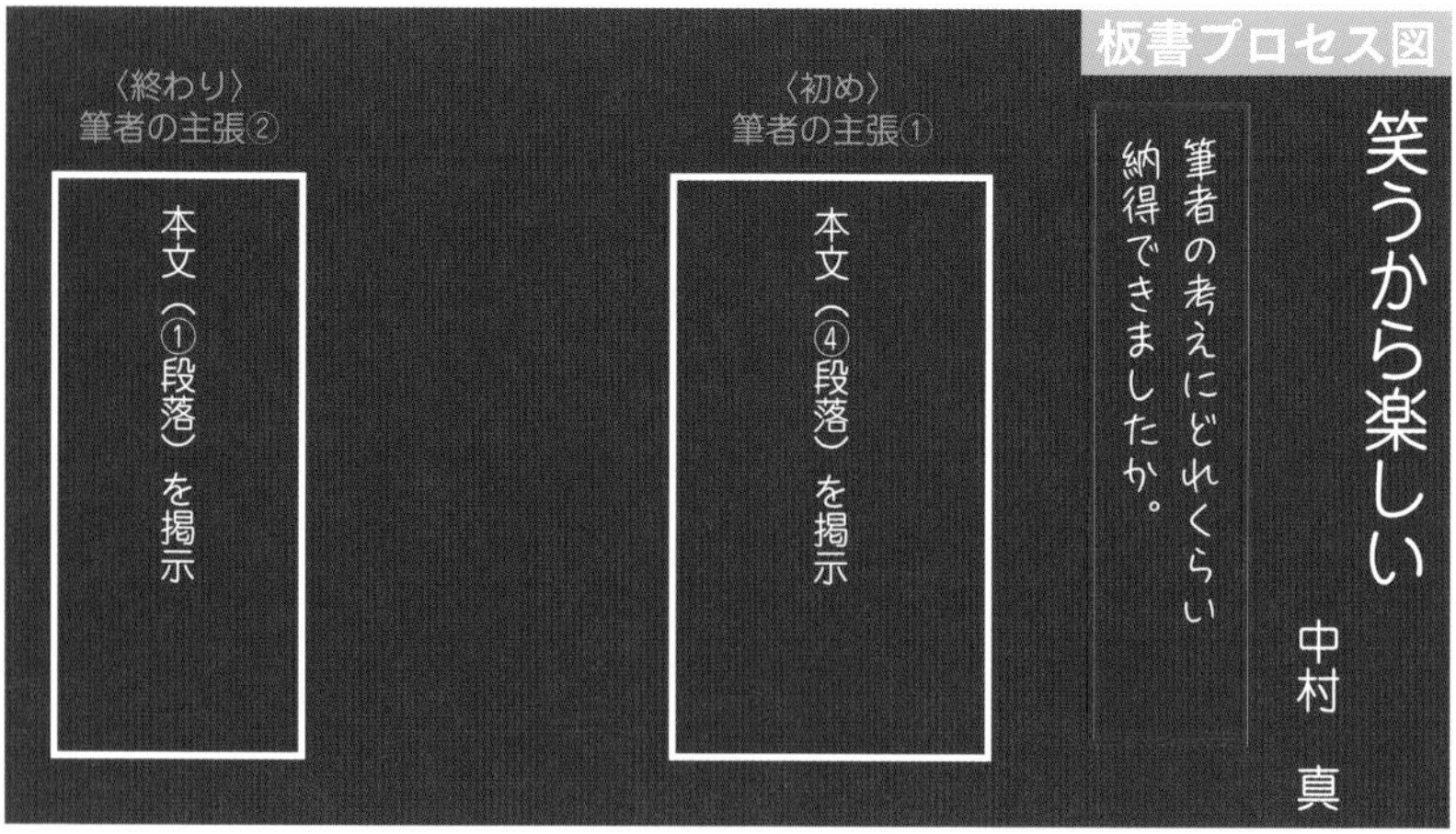
板書プロセス図
笑うから楽しい
中村　真
筆者の考えにどれくらい納得できましたか。
〈初め〉
筆者の主張①
本文（④段落）を掲示
〈終わり〉
筆者の主張②
本文（①段落）を掲示

1 問題意識の醸成

読みの視点を与えてから文章の範読を行います。

T　筆者の主張はどこにあるか考えながら聞きましょう。

C　最初と最後に同じような内容が書かれているね。

POINT 1　段落を入れ替えた文章を用いて、双括型の文章であることを確認しましょう。

Check 2 学習課題の提示と個人思考

板書プロセス図参照

筆者の考えにどれくらい納得できましたか。

C　わたしは（　　　）です。なぜなら、……からです。

3 考えの交流

C　5です。とてもインパクトのある書き出しだと思う。

C　3です。2回同じようなことを伝えていて、内容は理解できるけれど、最後が物足りないと思ったよ。

C　4です。②～③段落の具体的な説明が分かりやすかったです。同じような経験もあります。

C　5です。笑顔をつくってみようと思ったよ。

POINT 1
「筆者の主張」に注目させながら範読を聞かせます。範読の際は、ただ漠然と聞かせるのではなく必ず「読みの視点」をもたせてから行いましょう。学習課題にもなっている「納得度」に直接つながってくる「筆者の主張」に着目できるような声かけをすると効果的です。

POINT 2
模造紙に書かれた文章を移動することで、どのような変化が生まれるか考えさせます。双括型の文章ですので、同じように見える内容も細かな部分を意識的に見直すことで、その違いを明らかにできます。後半の文章では、読者への呼びかけの文章が印象を強めています。

文章全体への納得度をスケーリングを用いて可視化します。納得を引き出した要因を確認しましょう。

4 思考の深化

考えを深めるための補助発問

> 実はこの二つの主張は順序が逆なんです。入れ替えると何か変わるでしょうか？

C 双括型の文章だからそんなに変わらないかな……。内容もほとんど同じだと思うんだけど。

C でも、入れ替えると後半の方が最後が読者への呼びかけみたいになっているのですっきりするかも。

POINT 2
双括型という特性を活用し、文章を入れ替えることで思考を深めることができます。

5 学習のまとめ・振り返り

T 双括型の文章の特性から、学びを深めることができました。同じように見えても違いがありましたね。

移動型

『鳥獣戯画』を読む

（光村図書6年）4／11時

【本時のねらい】筆者と子どもたちの作品への評価を比較することを通して、筆者の書きぶりが与える影響について考えを深めることができる。

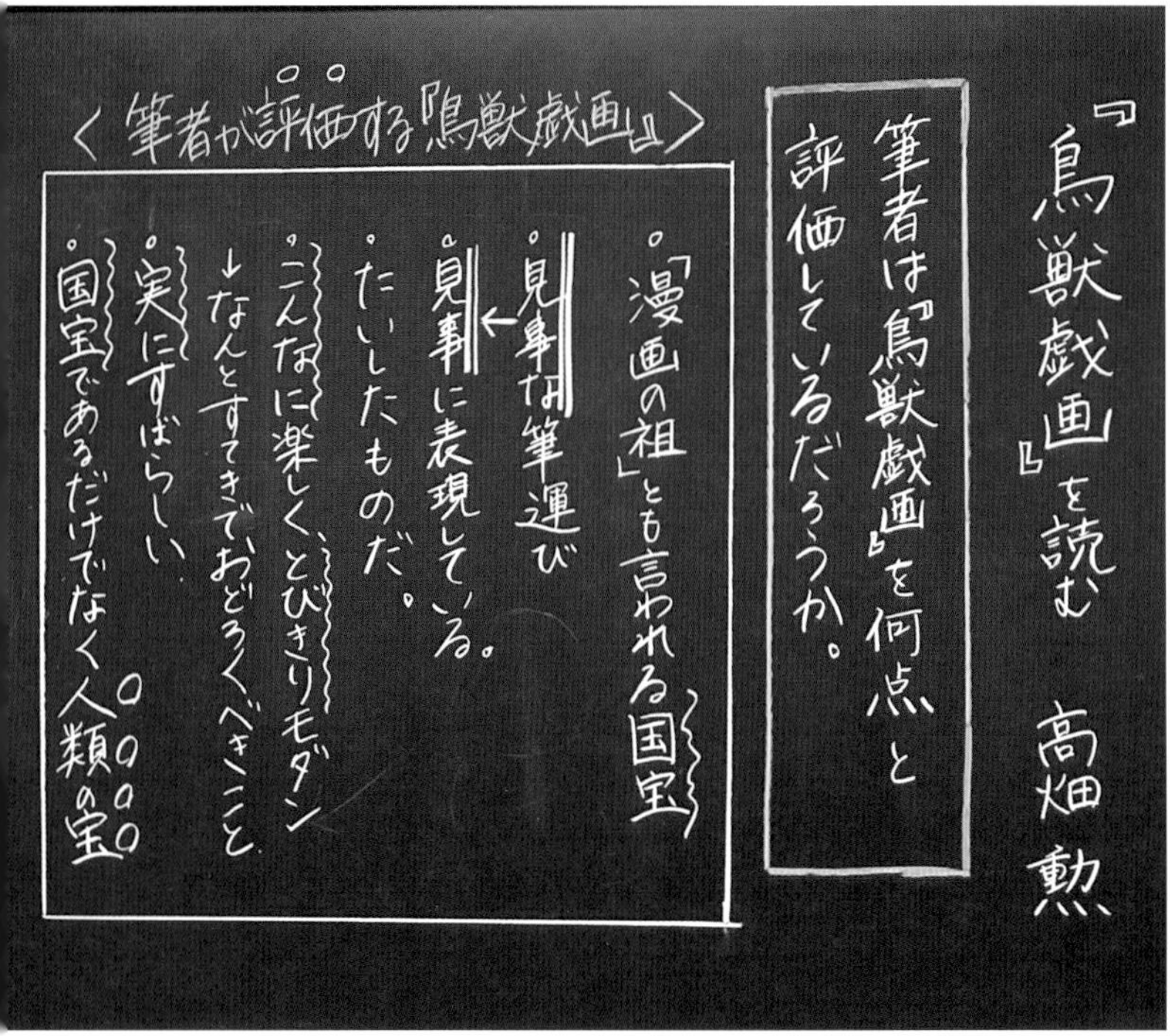
『鳥獣戯画』を読む　高畑勲
筆者は『鳥獣戯画』を何点と評価しているだろうか。
〈筆者が評価する『鳥獣戯画』〉
・「漫画の祖」とも言われる国宝
・見事な筆運び
見事に表現している。
・たいしたものだ。
・こんなに楽しく、とびきりモダン
↓なんとすてきでおどろくべきこと
・実にすばらしい。
・国宝であるだけでなく人類の宝

身に付けさせたい読みの力

●筆者の表現技法（書きぶり）●評価

教材の特性

『鳥獣戯画』に対する筆者の熱い思いが文章からひしひしと伝わってきます。この強い思いの込められた表現が伝わることで、読者は『鳥獣戯画』の魅力を実感することができます。

筆者は「論の展開」「表現の工夫」等の書きぶりの工夫を用いることで作品の魅力を伝えています。この「魅力を伝える書きぶり」を明らかにしながら、子どもたちが読み手から書き手へと転じた時にも活用できる言葉の力を身に付けさせましょう。

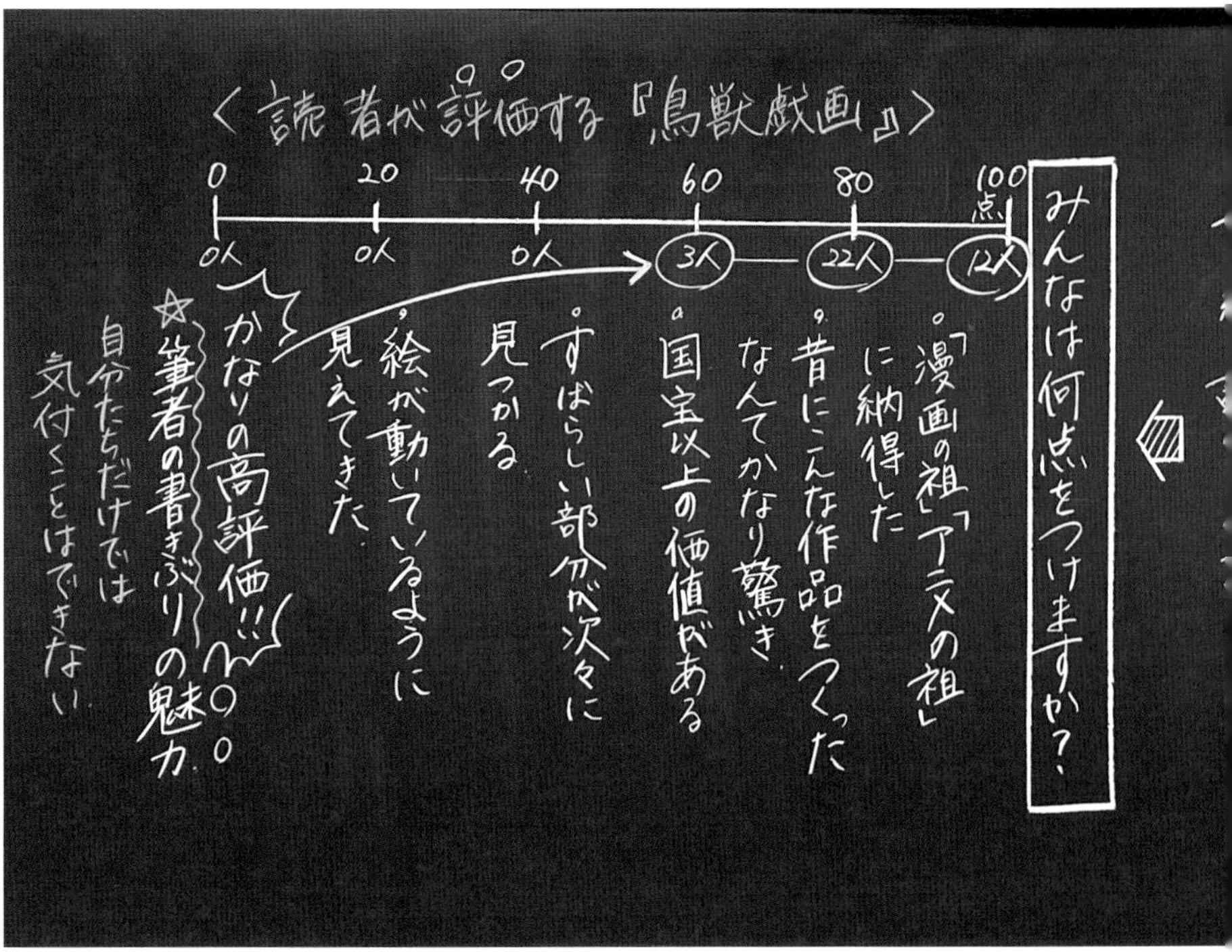
<読者が評価する『鳥獣戯画』>
0 20 40 60 80 100点
0人 0人 0人 3人 22人 12人
みんなは何点をつけますか？
。「漫画の祖」「アニメの祖」に納得した
。昔にこんな作品をつくったなんてかなり驚き
。国宝以上の価値がある
。すばらしい部分が次々に見つかる
。絵が動いているように見えてきた。
かなりの高評価!!!
☆筆者の書きぶりの魅力。
自分たちだけでは気付くことはできない

立体型板書のポイント

対比型とスケーリング型を組み合わせた板書になります。子どもたちの『鳥獣戯画』に対する評価ではスケーリングを用い、授業全体の構造としては、筆者と読者の評価の比較になります。

授業前半に確認する筆者の作品への評価の言葉が、読者の評価へとつながります。筆者と読者のつながりを可視化することができます。

論理的思考力を育てるポイント

関連付け

『鳥獣戯画』に対する筆者と子どもたちの評価をまずは比較し、その関連性を整理しましょう。筆者が『鳥獣戯画』を評価している多くの言葉が、読者である子どもたちの視点に影響を与えていることが明らかになります。筆者の書きぶりに多くの魅力が秘められています。

板書プロセス図

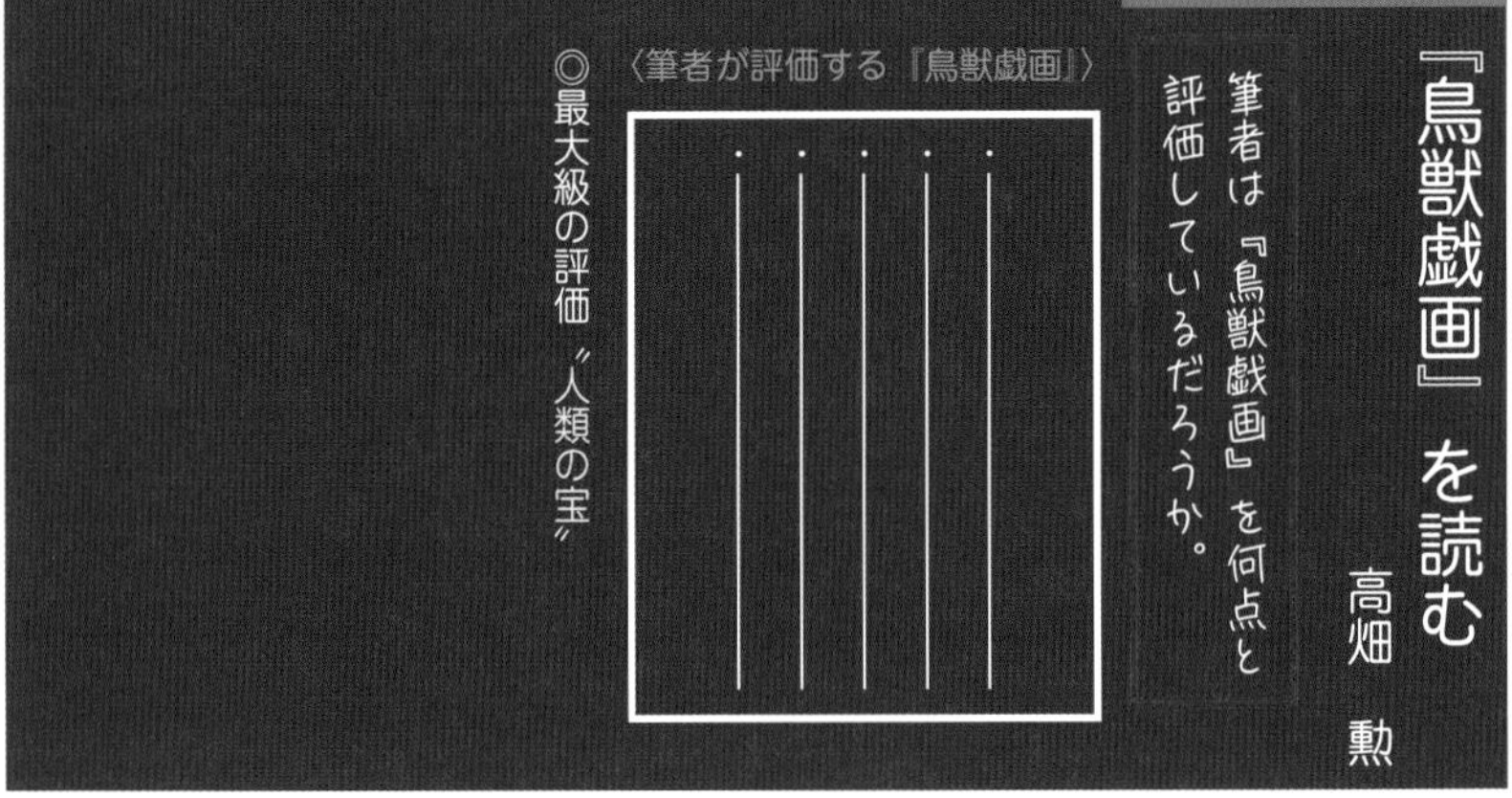

『鳥獣戯画』を読む
高畑　勲
筆者は『鳥獣戯画』を何点と評価しているだろうか。
〈筆者が評価する『鳥獣戯画』〉
◎最大級の評価　〝人類の宝〟

1 問題意識の醸成

『鳥獣戯画』に対する感じ方の変化を話し合います。

T 最初にこの絵を見た時と今では『鳥獣戯画』への印象は変わりましたか。

C 最初は白黒でおもしろくないって思ったけれど、文章を読む度に発見があっておもしろくなってきたよ。

これまでの学びによる感じ方の変化を確認します。

2 学習課題の提示と個人思考

> 筆者は『鳥獣戯画』を何点と評価しているだろうか。

C わたしは（　　　）点だと思います。なぜなら、……からです。

Check 3 考えの交流

板書プロセス図参照

C 90点だと思います。「見事」という言葉が繰り返し使われているからです。

C 100点満点だと思う。だって、国宝を超えて「人類の宝」という言葉で最後を締め括っているから。

C 他にもたくさんの褒め言葉があります。

POINT 1

ここでは、「なぜその点数を付けたのか」という理由の部分が重要です。筆者が本文を通して『鳥獣戯画』を評価している言葉を具体的に引き出します。中でも最大の評価を感じる言葉は「人類の宝」であること確認し、後半の学習活動に向かいましょう。

POINT 2

授業後半では、読者として子どもたちが『鳥獣戯画』をどのように評価しているのかを可視化します。おそらく高評価の結果が得られるはずです。この背景には、筆者である高畑さんの文章の書きぶりが大きく影響していることを確認し、その魅力に迫りましょう。

POINT 1

筆者が『鳥獣戯画』をどのような言葉で評価しているかを共有します。たくさんの言葉を引き出しましょう。

4 思考の深化

考えを深めるための補助発問

では、読者のみなさんは何点をつけますか?

C 「漫画の祖」や「アニメの祖」に納得しました。
C この作品の素晴らしい部分が次々に見つかりました。
C 見るたびに絵が動いているように見えてきました。

POINT 2

筆者の評価と読者の評価を比較することで、筆者の書きぶりが『鳥獣戯画』の魅力を引き出していることを確認しましょう。

5 学習のまとめ・振り返り

T 二つの視点からの評価を比べたことで、筆者の文章の書きぶりが読者の感想に大きく影響していることが分かりましたね。

▼対比型

「メディアと人間社会」（光村図書６年）２／６時

［本時のねらい］メディアと社会の関係性を考えることを通して、メディアの特徴を整理しながら筆者の主張を捉えることができる。

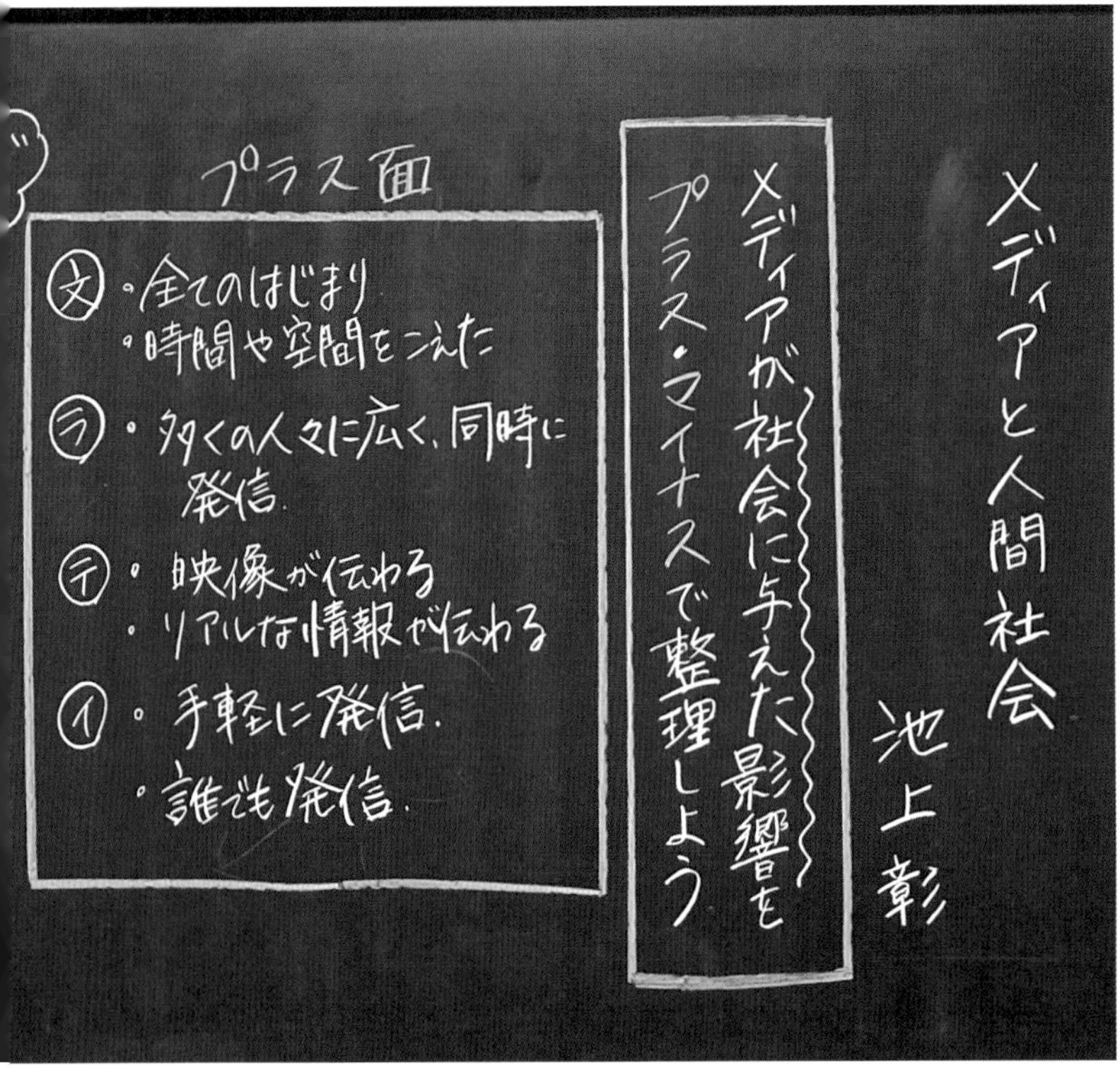

身に付けさせたい読みの力

●筆者の主張　●批評

教材の特性

これからの社会を生きていく上で大切だと考えられることを伝える文章として、「大切な人と深くつながるために」とセットで学ぶ教材です。

時代の流れとともに進化してきた四つのメディアのプラス面・マイナス面が述べられています。これらの両面を受け入れながら上手に付き合っていくことの大切さを筆者は伝えています。

授業では、これらの両面を丁寧に捉えることが大切です。文章の書きぶりを読者としてどう評価するかという「批評」へと読みのレベルを高める活動も取り入れることができます。

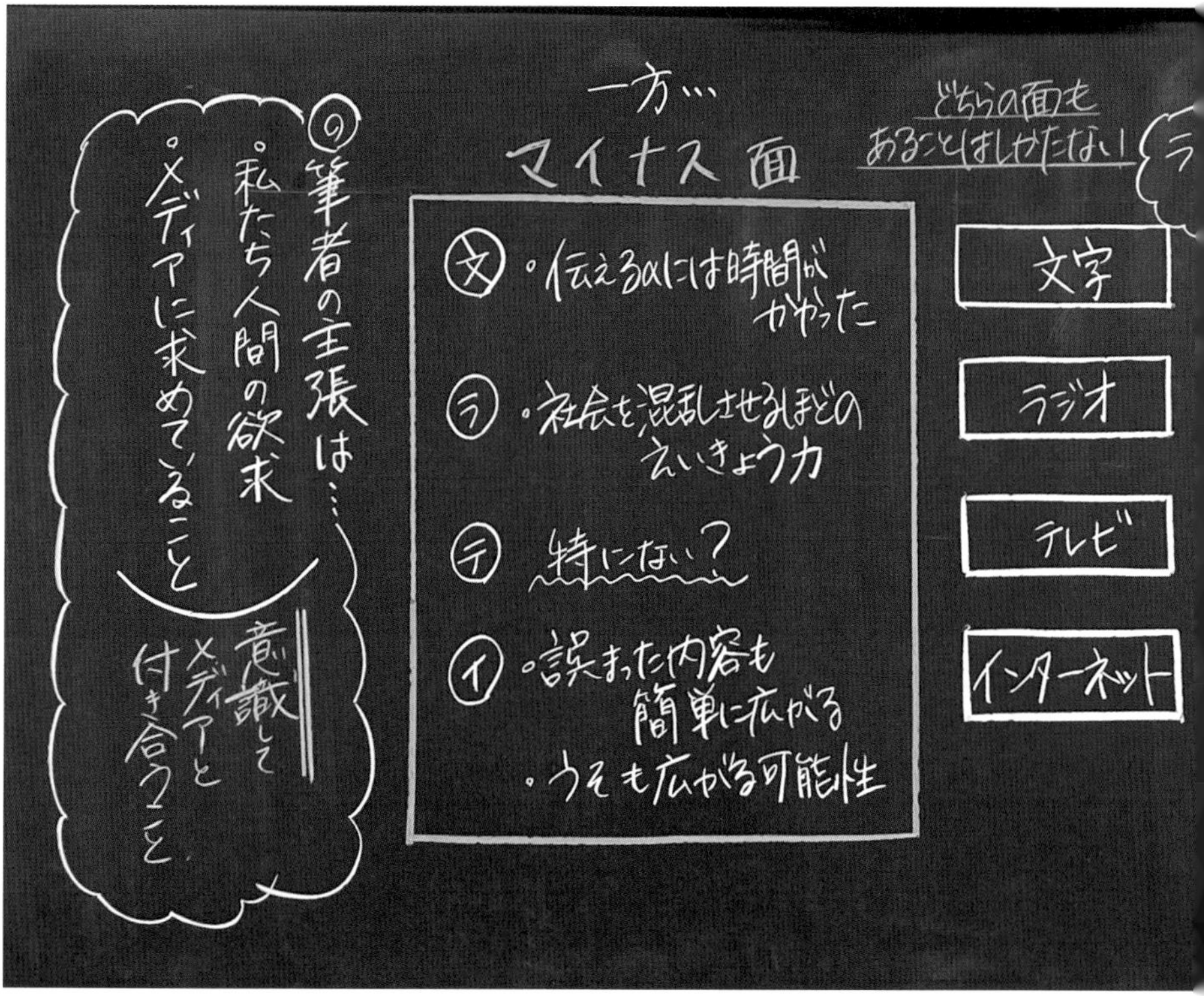

一方…
マイナス面
どちらの面も
あることはしかたない
◎筆者の主張は…
・私たち人間の欲求
・メディアに求めていること
意識して
メディアと
付き合うこと
・伝えるのには時間がかかった
・社会を混乱させるほどの
えいきょう力
特にない？
・誤った内容も
簡単に広がる
・うそも広がる可能性
文字
ラジオ
テレビ
インターネット

立体型板書のポイント

授業前半では、四つのメディアを比較しながらプラス面を整理します。文章に書かれた情報をスモールステップで整理しながら授業後半へと向かいます。

対比の視点をプラス面とマイナス面に移すことで、社会とのつながりがより明確になり、四つのメディアに対する理解が深まります。

論理的思考力を育てるポイント

関連付け

まずは、事例同士やプラス面・マイナス面での比較で思考を広げます。その上で、文章の情報や既有の知識、経験等を総合的に関連付けながら社会への影響を判断させます。

メディアが高度化するほど、人間のモラルや情報発信の危険性に難しさが生まれることにも気付けるとよいでしょう。

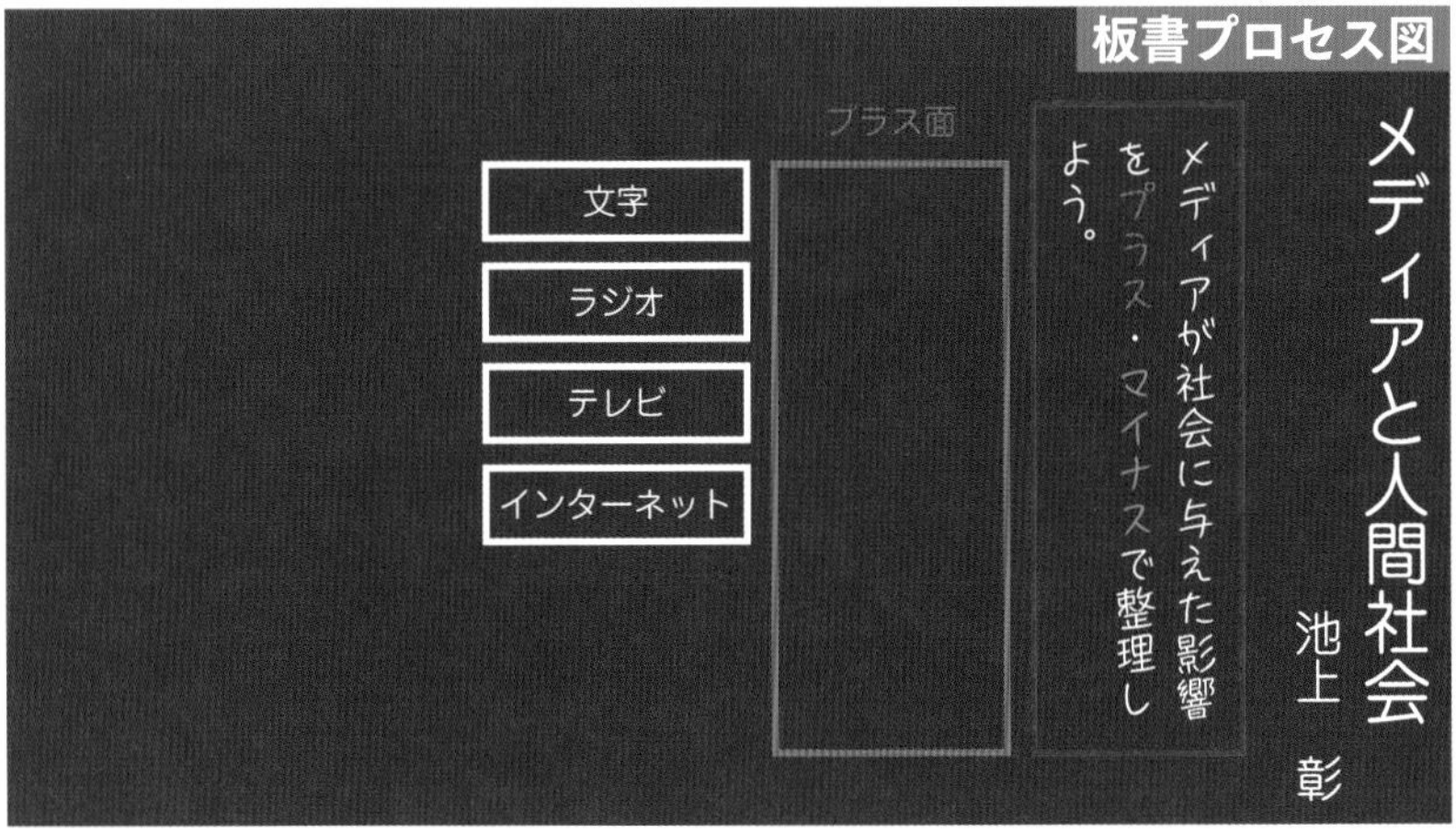

Check

1 問題意識の醸成

板書プロセス図参照

前時に学習したこれまでのメディアの進化を確認し、自分の生活とのつながりを共有します。

T 紹介されている四つのメディアは何でしたか?

C 文字、ラジオ、テレビ、インターネットです。

POINT 1 本文で述べられているメディアと自分の生活との関わりを話題にすることで文章への関心を高めましょう。

2 学習課題の提示と個人思考

> メディアが社会に与えた影響をプラス・マイナスで整理しよう。

C わたしは（　　　　　　）が1位だと思います。なぜなら、……からです（プラス面のベスト3を考えさせます。発表は1位のみ可視化しましょう）。

3 考えの交流

C 文字です。やはり全ての始まりだと思うので。

C インターネットだと思います。手軽に誰でも情報を発信でき

POINT 1

子どもたちの生活との関わりを考えることで、事例と子どもたちとの距離を確認しましょう。おそらくラジオはほとんどの子どもたちにとって馴染みのないメディアでしょう。そんなラジオも「メディアの進化の中では、大切な役割があったのでは？」と疑問を投げかけましょう。

POINT 2

比較の視点を転換します。四つの事例を比較してプラス面を整理した後に、それぞれのメディアがもつマイナス面との比較を行います。このように、視点を縦軸・横軸と変化させると思考を広げたり、深めたりすることができます。他教材でも特性に合わせて活用しましょう。

るようになったのはすごいことだから。

C　テレビです。映像の力は大きな影響力があるから。

四つのメディアが社会に与えた影響を整理します。比較することでそれぞれの特徴が明らかになります。

4　思考の深化

考えを深めるための補助発問

一方、筆者はどのようなマイナス面を指摘していますか。プラス面と比較しながら考えてみましょう。

C　文字は、伝えるまでに時間がかかります。

C　インターネットは、誤った内容が簡単に広がってしまう危険性や嘘が広がる可能性もあります。

POINT 2

これまでは、メディアの事例同士の比較でしたが、プラス面・マイナス面での比較に視点を移しましょう。

5　学習のまとめ・振り返り

T　メディアが社会に与えた影響をすっきりと整理できました。筆者の考えるメディアとの付き合い方も理解できましたね。

「大切な人と深くつながるために」（光村図書 6年） 4／6時

【本時のねらい】二つの文章を比較することを通して、文章の要旨を捉えながら批評することができる。

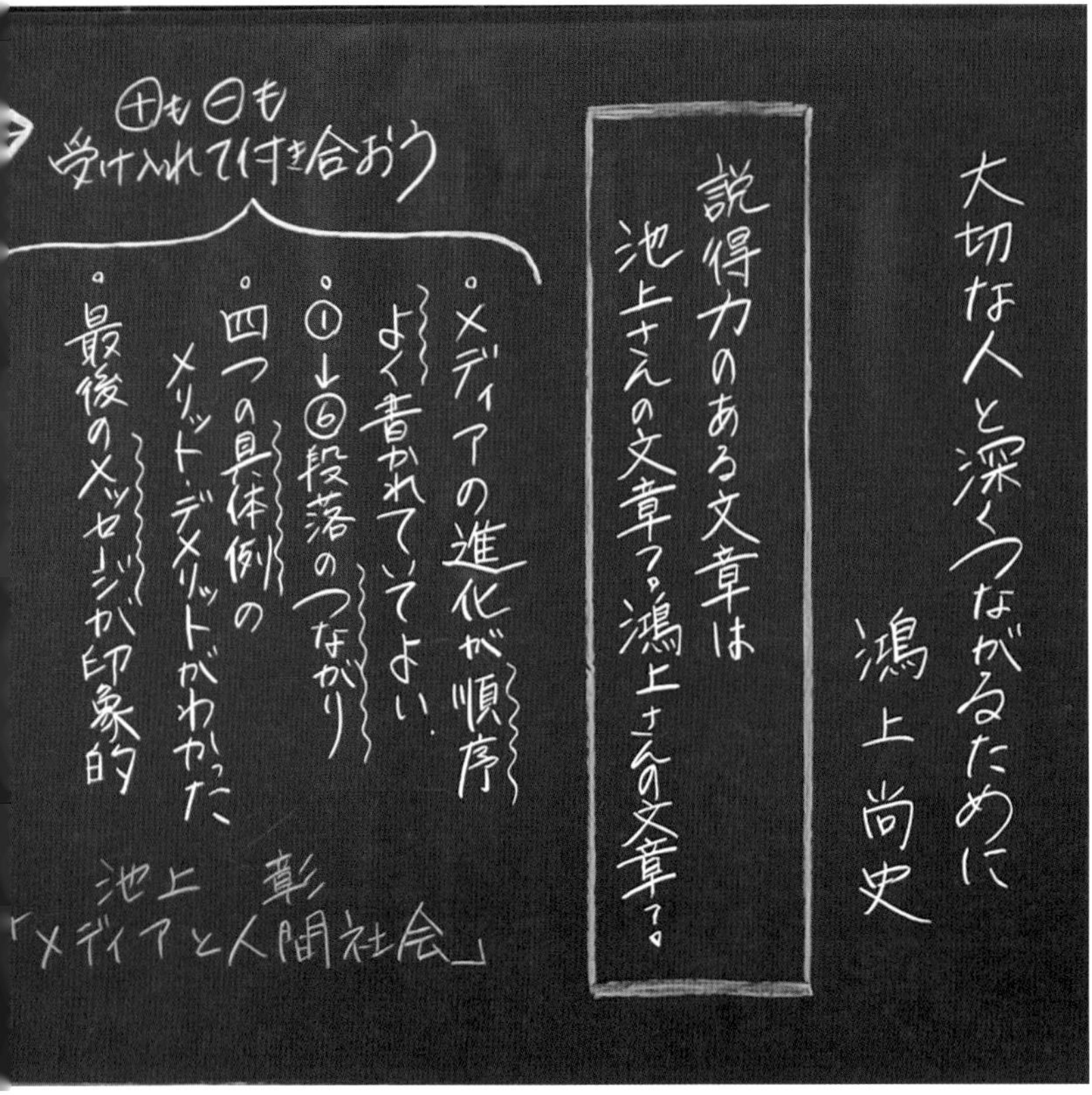

大切な人と深くつながるために
鴻上尚史
説得力のある文章は
池上さんの文章？鴻上さんの文章？
・メディアの進化が順序
よく書かれていてよい
・①↓⑥段落のつながり
・四つの具体例の
メリット・デメリットがわかった
・最後のメッセージが印象的
⊕も⊖も
受け入れて付き合おう
池上彰
「メディアと人間社会」

身に付けさせたい読みの力
●筆者の主張 ●要旨

■教材の特性

「メディアと人間社会」とは、また違った視点から社会と生き方について考えを深めることのできる文章です。

池上さんの文章と比較すると、「読者への問いかけ」や「身近な例示」が繰り返し示され、親しみがもてる文章と言えるでしょう。この特長と文章の論理を踏まえた書きぶりを評価させることで文章を批評する力を育てます。

文章の詳細を丁寧に読み取る力だけでなく、文章全体を俯瞰的に捉えた読み方を身に付けさせることが大切です。

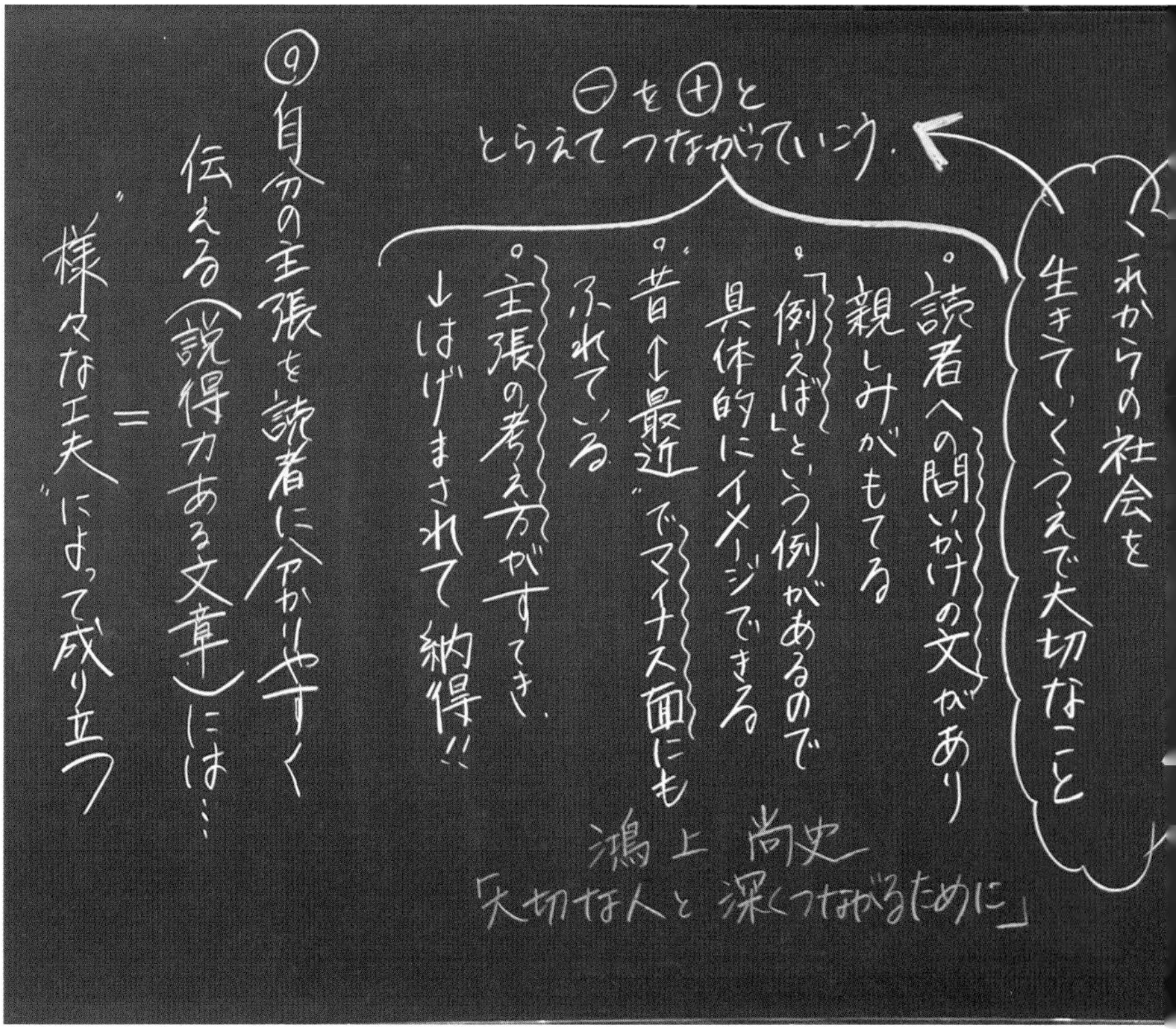
これからの社会を生きていくうえで大切なこと
。読者への問いかけの文があり親しみがもてる
。「例えば」という例があるので具体的にイメージできる
。昔↔最近でマイナス面にもふれている
。主張の考え方がすてき
↓はげまされて納得!!
⊖を⊕ととらえてつながっていこう。
鴻上尚史
「大切な人と深くつながるために」
⑨自分の主張を読者に分かりやすく伝える（説得力ある文章）には…
＝
“様々な工夫”によって成り立つ

立体型板書のポイント

二つの文章の特徴が比べられるように、まずは「対比型」をイメージして授業を進めます。思考を深めるポイントは授業後半です。それぞれの文章のポイントを一言で表現させることで「具体→抽象」の思考が引き出されます。

対比した考えの間には共通する考えを示し、類別した言葉とのつながりも可視化します。

論理的思考力を育てるポイント

比較・分類

セット教材の文章を「説得力」という観点から比較します。高学年の読みは文章の要旨を捉えながら、批評する力を育てる活動が大切です。二つの教材は「社会を生きていくうえで大切なこと」という共通点があり、筆者の書きぶりを評価することで論理的思考力を育てることができます。

板書プロセス図

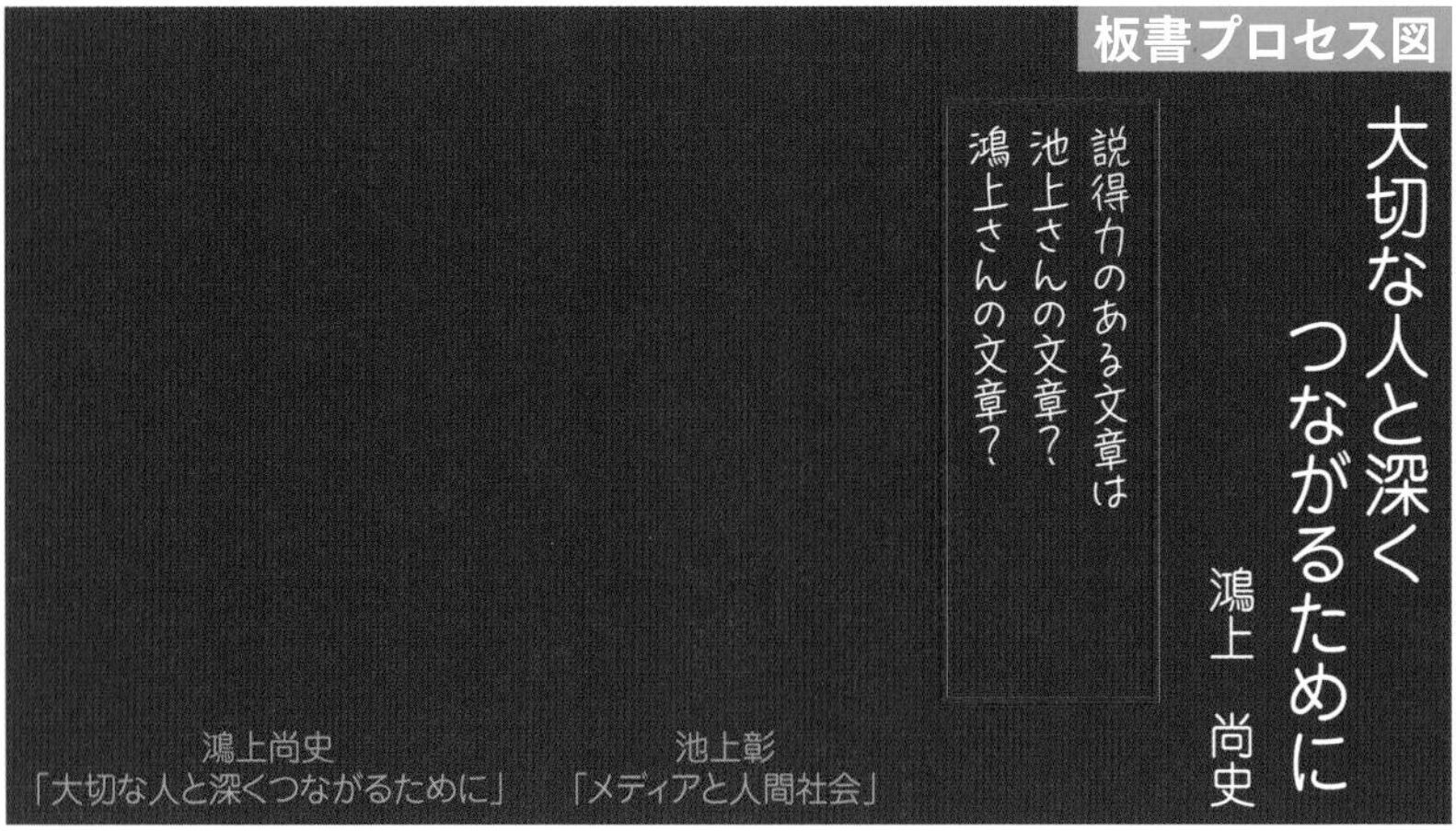
大切な人と深く
つながるために
鴻上　尚史
説得力のある文章は
池上さんの文章?、
鴻上さんの文章?、
鴻上尚史
「大切な人と深くつながるために」
池上彰
「メディアと人間社会」

1 問題意識の醸成

学習課題の中心となる「説得力」について、子どもたちのこれまでの経験からイメージを共有しましょう。

T 「説得力」のある文章ってどんな文章かな?

C 生活の中で具体的にイメージができる文章かな。

POINT 1

子どもたちの経験から、「説得力」を感じる文章の要素を共有することで問題意識を高めます。

Check

2 学習課題の提示と個人思考

板書プロセス図参照

説得力のある文章は池上さんの文章? 鴻上さんの文章?

C わたしは(　　　)の方が説得力があると思います。なぜなら、……からです。

3 考えの交流

C 池上さんです。四つの具体例で特徴が分かったから。

C 鴻上さんです。問いかけの文や例示があることで、読者に考えさせようとする意図が伝わってきたからです。

C 池上さんです。順序よくつながりが理解できました。

POINT 1

子どもたちにとって「説得力」のある文章の要素を事前に確認しておくことで、二つの文章の「説得力」を判断する基準をつくることができます。頭の中でこれらの要素をイメージさせた上で、学習課題を提示し個人思考に入りましょう。

POINT 2

文章を具体と抽象で捉える思考を育てる活動です。話合いを通して「説得力」につながる文章の要素と内容が整理されますので、キーワードを用いながら筆者の主張の趣旨を一言で表現させます。この活動は、文章の要旨を捉える読みの力へとつながります。

「説得力」につながる筆者の論理や書きぶりを共有します。ポイントの言葉には線を引き、強調しましょう。

4 思考の深化

考えを深めるための補助発問

> 二つの文章を「プラス」「マイナス」という言葉を使って一言で表すとどうなりますか？

C 池上さんの文章は、プラスもマイナスも受け入れて付き合おうかな。

C 鴻上さんの文書は、マイナスをプラスと捉えてつながっていこうかな。

POINT 2

具体的に評価してきたそれぞれの文章を一言で表現することで要旨を捉えることができます。

5 学習のまとめ・振り返り

T 二つの文章には、共通する考えがあり、筆者の伝えたい考え方には違いがあることも明らかになりましたね。

COLUMN

Q&A ①

色はどの程度使いますか？　また、チョークはどんなものを使っているのですか？

黒板にどこまで色チョークを使用してよいものか、悩まれる先生方の声をよく耳にします。色覚障害がある子にとって、赤色や青色のチョークが使われている黒板は非常に見づらいようです。

私は、**日本理化学の「ダストレスeyeチョーク」**を使用しています。これは、色覚対応チョークです。板書の多い学校現場で識別が困難な方にも色覚によるストレスを少しでも減らすことができればとの思いから作られたチョークのようです。

実際は、目の前にいる子どもたちに合わせて使用するのがよいと思います。**黒板に様々な色のチョークで文字や線を引いてみて、どれが見やすいかを訊ねてみる**とよいでしょう。学級によっても傾向性は変化するはずです。

また、スマートフォン無料アプリでも、色覚検査を行えるものもありますので、自分の板書写真がどのように見えているのかを確認してみるのもよいと思います。私も「自分の板書が人によっては、このように見えているのか」と驚きました。何事もまずは「知ること」から始まります。

これらを踏まえた上で、文字を書く際には**基本的に白と黄色のチョークを使用**します。さらに必要な場合は、**オレンジを使用**するとよいです（子どもたちが見やすいと言っていました）。他の色チョークは、どうしても文字にすると見づらさが伴いますので、枠を囲んだり、矢印や線を引いたりすることのみで使用することが望ましいと思います。子どもたちの思考に効果的にはたらく色チョークの使い方を目指しましょう。

COLUMN

Q&A ②

板書計画はどのように立てているのですか？

この本でも紹介している授業づくりの流れに沿いながら、問題意識の醸成（導入部の活動）、学習課題の設定、授業の展開、ゆさぶり発問、授業のまとめ等の各項目の大体の流れが定まったところで、実際の板書写真に子どもたちの発言をイメージしながら板書案を書き込んでいます。

これまでは、頭の中のイメージをノートに枠を作って書き込んでいたことが多かったのですが、最近は、iPadのアプリを活用して準備をすることが増えました。**教室の黒板の写真を撮影したものを保存しておき、その写真を複製して書き込みを行うことで板書計画を立てます。**

アナログな板書計画に比べて、デジタルのよいところは、板書写真を手軽に繰り返し使用できるところや、修正が簡単にできるところです。これまでは、板書案を作成中に修正をしようと思うと何度も消しゴムを使っていた部分が、デジタルになったことによって一瞬で修正できるようになりました。

これは教材研究の話になりますが、私は教科書本文をコピーして文章に書き込みをしながら自分の考えや疑問を付け加え、授業案を組み立てるタイプの人間です。再び同じ教材を使った授業案を考える場合も、必ず新しい文章をコピーし、**新鮮な気持ちで教材と向き合います。**この本文のコピーに関しても、デジタルであれば大きな労力もかけることなく行うことができます。

ただ、私は全ての授業で完璧な板書計画を立てる必要はないと思っています。**「授業は生き物」**です。当日の授業で柔軟な対応ができるように、板書計画に余白を残しておくことも大切です。

COLUMN

Q&A ③

「読むこと」の授業すべてに「立体型板書」を取り入れていますか？

はい。取り入れています。私の最近の「読むこと」の授業は、すべて「立体型板書」の考え方を用いた板書になっています。Twitter上でも様々、情報を発信しておりますのでぜひご覧ください。

しかし、私は**すべての授業に無理して取り入れる必要はない**と思います。何度も述べているように、**「立体型板書」を用いることが目的ではありません**。子どもたちの言葉の力を育むために効果的に活用できそうな場面であれば、必要に応じてぜひ使ってみてください。

また、「立体型板書」初心者の先生は、単元の中で一時間だけいいですから、「ここぞ！」というタイミングでぜひ取り入れてみてください。そして、取り入れた際には、**「子どもたちの反応の違い」**を実感してください。

これは「立体型板書」を実践してくださった多くの先生方の**「子どもたちの目の輝きや学習に対する意欲が変わった」という声**からも私が強く実感している部分です。そして、**「普段なかなか活躍することがなかった子が不思議と活躍するようになった」**という声もよく耳にします。このような声を聞く度に、一人ひとりの子どもの可能性を最大限まで引き出す力が「立体型板書」には秘められていると感じています。

なお、「対比型」や「ベン図型」は比較的取り組みやすいバリエーションです。教材の特性とうまくマッチングさせながら、まずはこの辺りから実践してみると良いと思います。そして、「立体型板書」に挑戦した際に出会った子どもたちの姿がきっとあなたを**「またやってみよう！」という前向きな気持ち**にさせてくれるはずです。

あとがき

初の単著の出版から一年。今回、このような形で私の国語授業づくりの一端を発信することができたことに幸せを感じています。この本を執筆した最大の目的。

この本を手に取ってくださった読者の先生方と一緒に教材研究をしながら、「立体型板書」の国語授業づくりができる一冊を創りたい。

この本の前にいる読者の皆様のことを思い浮かべながら、対話する想いで執筆を進めてきました。これまで国語授業づくりに悩みを抱えていた先生が「立体型板書」の授業の魅力を感じ、「自分の授業にも取り入れてやってみよう！」と心が動いていただけたらこれ以上に嬉しいことはありません。ぜひ、明日の授業から挑戦してみてください。子どもたちがあなたの楽しい国語の授業を待っています。

また、他教科においても「立体型板書」の考え方を応用し授業実践を行ってくださったというご報告もいただいております。私たちが日頃接している子どもたちと同じように、「立体型板書」もまだまだ多くの可能性を秘めています。読者の皆様の柔軟な発想と目の前の子どもたちのコラボレーションによって、今後、ますます「立体型板書」が日本の教育のお役に立てることを願っています。

恩師・長崎伸仁先生から学んだ板書の極意こそ「私のすべて」です。まだまだ恩師の足元にも及ばない私ですが、師からの「継続は力なり」との大激励の言葉を常に自分の胸に抱きつつ、これからも一歩ずつ学び続けます。

また、昨年、桂聖先生プロデュース・国語授業イノベーションシリーズの一つとして、「立体型板書」を世の中に発信させていただけたことが、このような「新たな挑戦」の機会へとつながりました。日頃から、桂先生に温かい励ましのお言葉で御指導いただけることが、日々の私の授業実践のエネルギーです。心から御礼申し上げます。また、今後も御指導よろしくお願いいたします。

これまで関わってきた未来の宝である子どもたち、職場の先生方、そしてたくさんの研究仲間がいたからこそ、今の私があります。縁してきた一人ひとりの顔を思い浮かべながらこの本の締めくくり、そして次へのスタートとなるこの「あとがき」を書いています。すべてが私の「財産」です。皆様への感謝の想いでいっぱいです。いつも本当にありがとうございます。

そして、東洋館出版社の刑部愛香さんには、前回に引き続き、本当にお世話になりました。まだまだ未熟な私にとって、今回の単著二冊同時発刊という大きな挑戦に最後まで諦めずに取り組むことができたのも、刑部さんの細やかな配慮と私の教育実践への価値付けの言葉があったからだと痛感しております。本当にありがとうございました。今後もどうぞよろしくお願いいたします。

最後になりますが、私のことをいつも陰ながら支え、励まし続けてくれた妻への最大の感謝と二人の愛する我が子の未来を願いつつ、筆を置きたいと思います。いつも本当にありがとう。

沼田拓弥

大内善一（一九九〇）「学習思考のモデル図としての板書―思考の混乱を招く板書は問題だ―」『教育科学国語教育』４３３号　明治図書出版

大西道雄（一九九〇）「授業の動態に応じ、多様な子どもの反応を組織する板書を」『教育科学国語教育』４３３号　明治図書出版

岡本美穂（二〇一六）『子どもの力を引き出す板書・ノート指導の基本とアイデア』ナツメ社

桂聖編著（二〇一八）『「めあて」と「まとめ」の授業が変わる「Which型課題」の国語授業』東洋館出版社

加藤辰雄（二〇一八）『本当は国語が苦手な教師のための国語授業の板書・ノート指導小学校編』学陽書房

栗田正行（二〇一三）『わかる「板書」伝わる「話し方」』東洋館出版社

栗田正行（二〇一七）『9割の先生が知らない！すごい板書術』学陽書房

輿水かおり（二〇一八）「これからの授業改善に向けた板書の課題」『教育科学国語教育』８２２号　明治図書出版

筑波大学附属小学校国語教育研究部編著（二〇一六）『筑波発読みの系統指導で読む力を育てる』東洋館出版社

中洌正堯監修（二〇一七）『アクティブ・ラーニングで授業を変える！「判断のしかけ」を取り入れた小学校国語科の学習課題48』明治図書出版

長崎伸仁編著（二〇一四）『「判断」でしかける発問で文学・説明文の授業をつくる　思考力・判断力・表現力を共に伸ばす！』学事出版

長崎伸仁・桂聖（二〇一六）『文学の教材研究コーチング』東洋館出版社

長崎伸仁監修（二〇一六）『子どもに深い学びを！小学校アクティブ・ラーニングを取り入れた国語授業』東洋館出版社

長崎伸仁編著（二〇一六）『物語の「脇役」から迫る全員が考えたくなるしかける発問36』東洋館出版社

野地潤家（一九九〇）「「板書」以前・以後ということ」『教育科学国語教育』４３３号　明治図書出版

野地潤家（一九九六）「板書機能の活用とアイデアの源泉」『実践国語研究』１５５号　明治図書出版

花田修一（二〇〇六）「目的的に板書の機能を生かそう―思考の発想・過程・定義を図って―」『教育科学国語教育』６７３号　明治図書出版

樋口綾香編著（二〇一八）『3年目教師勝負の国語授業づくり楽しさと深い学びを生み出す！スキル＆テクニック』明治図書出版

前原隆志（二〇一六）「板書型指導案に関する一考察」『山口大学教育学部附属教育実践総合センター研究紀要』42号

町田守弘（二〇〇六）「学習者とともに創る板書を」『教育科学国語教育』６７３号　明治図書出版

吉田裕久（一九九二）「深い理解（なるほど）と発見（そうなのか）を促す板書―簡潔で示唆的な板書―」『実践国語研究』１１８号　明治図書出版

吉永幸司（二〇一〇）「考える力を育てる見やすく分かりやすい板書」『教育科学国語教育』７２６号　明治図書出版

吉永幸司監修（二〇二〇）『京女式深い学びをめざす国語の板書指導5年6年』小学館

若林富男編著（二〇一一）『授業の流れがよくわかる！国語科板書の実物モデル40』明治図書出版

拙稿（二〇一六）「思考過程が見える板書＆ノート作り」『教育科学国語教育』７９８号　明治図書出版

拙稿（二〇一八）『「比較」「具体⇕抽象」「未知との既知をつなぐゆさぶり」で授業を創る！』『教育科学国語教育』８２４号　明治図書出版

拙稿（二〇一九）「子供の思考を可視化する板書の創り方」『教育科学国語教育』８３３号　明治図書出版

拙稿（二〇二〇）「小学校国語科における板書の在り方に関する一考察―国語科学習指導書の分析を通して―」『国語教育探究』33号　国語教育探究の会

拙著（二〇二〇）『「立体型板書」の国語授業　10のバリエーション』東洋館出版社

著者紹介
(2021年2月現在)

沼田拓弥
(ぬまた・たくや)

1986年生まれ。東京都世田谷区立玉川小学校教諭。創価大学大学院教職研究科教職専攻修了。八王子市立七国小学校勤務を経て現職。全国国語授業研究会理事。東京・国語教育探究の会事務局長。国語教育創の会事務局。

著書に『物語の「脇役」から迫る　全員が考えたくなる　しかける発問36』(分担執筆)、『「めあて」と「まとめ」の授業が変わる「Which型課題」の国語授業』(分担執筆)、『「立体型板書」の国語授業　10のバリエーション』(いずれも東洋館出版社)がある。

最新の研究・実践はTwitterアカウント(@numataku2525)にて発信中。

「立体型板書」でつくる国語の授業 説明文

2021(令和3)年3月16日　初版第1刷発行
2021(令和3)年4月14日　初版第2刷発行

著　者　沼田拓弥
発行者　錦織圭之介
発行所　株式会社東洋館出版社
〒113-0021　東京都文京区本駒込5丁目16番7号
営業部　電話03-3823-9206　FAX03-3823-9208
編集部　電話03-3823-9207　FAX03-3823-9209
振替　00180-7-96823
URL　http://www.toyokan.co.jp

[装幀・本文デザイン] 中濱健治
[印刷・製本] 藤原印刷株式会社

ISBN978-4-491-04358-6　　Printed in Japan